책임 집필	민혜경	랑스한국어연구소 소장 부산외국어대학교 사회과학대학 한국어교육전공 강의초빙교수 부산외국어대학교 일반대학원 다문화교육학 박사 수료
공동 집필	한선경	동명대학교 글로벌한국학과 초빙교수 부산외국어대학교 한국어교육학과 교육학 박사
	임지현	부산외국어대학교 사회과학대학 글로벌인재융합전공 초빙교수 부산대학교 한국어교육학 박사
	정대우	랑스한국어연구소 연구원 부산외국어대학교 일반대학원 한국어교육학과 박사 수료
보조 집필	박상아	랑스한국어연구소 보조 연구원 부산외국어대학교 일반대학원 한국어교육학과 석사 과정
감수	현진희	부산대학교 일반대학원 독어학 박사(Ph.D), 외국어로서 한국어교육 박사 수료 울산과학대학교 국제교류어학교육원 주임

 랑스코리아 (영어)
www.langskorea.co.kr

 랑스코리아 (일본어)
www.langskorea.com

랑스코리아(langs Korea)는 랑스 주식회사의 한국어 교육 및 한국어교재 출판 전문 브랜드입니다.
홈페이지 및 유튜브 채널을 통해서 본 교재의 MP3 파일을 다운로드 및 재생하실 수 있으며,
더욱 다양한 한국어 교육 관련 자료를 보실 수 있습니다.

랑스 한국어

— 4A —

langs Korea

발간사

　코로나 펜데믹을 겪으며 새로운 시대의 흐름에 맞는 보다 현장감 있는 의사소통 중심의 교재가 필요하다는 생각을 많이 하게 되었습니다. 현장 전문가로 오랜 기간 동안 한국어 교육 현장에 있으면서 외국인들이 짧은 시간에 의사소통이 가능하도록 실질적인 도움을 줄 수 있는 교재가 없을까에 대한 고민도 많이 하였습니다. 『랑스한국어연구소』는 지난 1년 간 의사소통 중심의 교재를 발간하기 위해 부단한 노력을 기울였습니다. 『랑스 한국어』는 실생활에서 쉽게 사용할 수 있는 회화 중심의 교재로, 대학에서 한국어를 배우고자 하는 외국인들을 위해 구성되었습니다. 앞으로 『랑스 한국어』가 국내외에서 널리 활용되어 외국인들이 의사소통 중심의 한국어 학습을 하는데 조금이나마 기여를 할 수 있기를 바랍니다.

　랑스 주식회사에서는 한국어 교육 및 한국어교재 출판 전문 브랜드인 『랑스코리아(langs Korea)』를 통해 외국인들이 더욱 친근하고 즐겁게 한국어를 체계적으로 배울 수 있도록 지원하고 있으며, 한국어 교육 및 학습 분야의 다양한 연구, 교재 개발을 위하여 『랑스한국어연구소』를 운영하고 있습니다. 한국어를 사랑하고 한국어를 배우고 싶어 하는 전 세계의 모든 이들에게 실질적인 도움이 될 수 있도록 앞으로도 더욱 다양한 한국어 교재 및 콘텐츠 제작에 힘쓰도록 하겠습니다.

　실용적이고 현장감 있는 한국어 교재, 한국어를 학습하는 외국인들이 더욱 쉽게 다가갈 수 있는 한국어 교재를 만들기 위하여 그 동안 부단히 노력해 주신 집필진들에게 깊은 감사를 드립니다. 또한, 학습자들이 더욱 편안하게 활용할 수 있는 교재를 만들기 위하여 노력해 주신 랑스 주식회사 출판 관계자에게도 감사의 말씀을 전합니다.

2024년 10월
랑스주식회사 대표 박시영

머리말

한글을 반나절 글이라고 합니다. 한글을 익히기까지 시간이 오래 걸리지 않다는 뜻입니다. 이와 같이 『랑스 한국어』의 목표는 한국어 학습자들이 짧은 시간 내에 한국어 의사소통 능력을 향상시키는 데 있습니다. 『랑스 한국어』는 말하기, 듣기, 읽기, 쓰기의 통합 교재로, 초급부터 중급까지 『국제 통용 한국어 표준 교육과정(2017)』을 기반으로 문법과 어휘를 체계적으로 구성하였습니다. 이 교재는 학습자들이 단시간 안에 네 가지 언어 기능의 균형 있는 발전과 특히 말하기 능력을 강화할 수 있도록 주제 중심의 대화문을 통해 상황에 대한 이해를 높이고 문법과 의사소통 능력을 향상하도록 구성되었습니다. 또한, 학습 내용을 단계적으로 제시하여 체계적인 학습을 할 수 있게 하였으며, 학습자가 주체가 되어 연습과 과제 활동을 수행하도록 하여 수업에 적극적으로 참여할 수 있도록 구성하였습니다.

『랑스 한국어』가 출간되기까지 이 책의 집필진들이 쏟은 노력에 대해 깊은 감사를 드립니다. 뿐만 아니라 긴 시간 집필진들이 집필에 집중할 수 있도록 묵묵히 응원해 주신 집필진들의 가족분들에게도 깊은 감사의 말씀을 전합니다. 끝으로 『랑스한국어연구소』를 대표하여, 『랑스 한국어』가 국내외에서 한국어 학습에 큰 도움이 되길 바라며 다시 한번 이 책의 집필진들과 출판 관계자에게 감사의 말씀을 전합니다.

2024년 10월
저자 대표

일러두기

각 단원은 두 개의 대화문과 활동으로 구성되어 있으며 8~12시간의 학습 분량으로 구성되어 있습니다. 학습 목표를 통해 각 과의 학습 내용을 확인하고 학습자의 학습 동기를 활성화합니다. 어휘 및 표현은 과의 주제와 관련된 어휘와 표현을 익히고 확인할 수 있습니다.

다음으로 말하기는 핵심 어휘와 목표 문법을 사용하여 실제 구어에 가깝게 구성하였습니다. 문법은 학습자가 반드시 익혀야 할 문법 항목을 중심으로 덩이 표현을 제시하였습니다.

또, 연습 문제를 통해 그 의미와 기능을 익히고 연습하도록 구성하였습니다. 활동은 각 주제와 관련된 듣고 말하기, 읽고 말하기, 쓰고 발표하기로 구성하였습니다.

학습 목표
단원의 학습 목표를 확인할 수 있습니다.

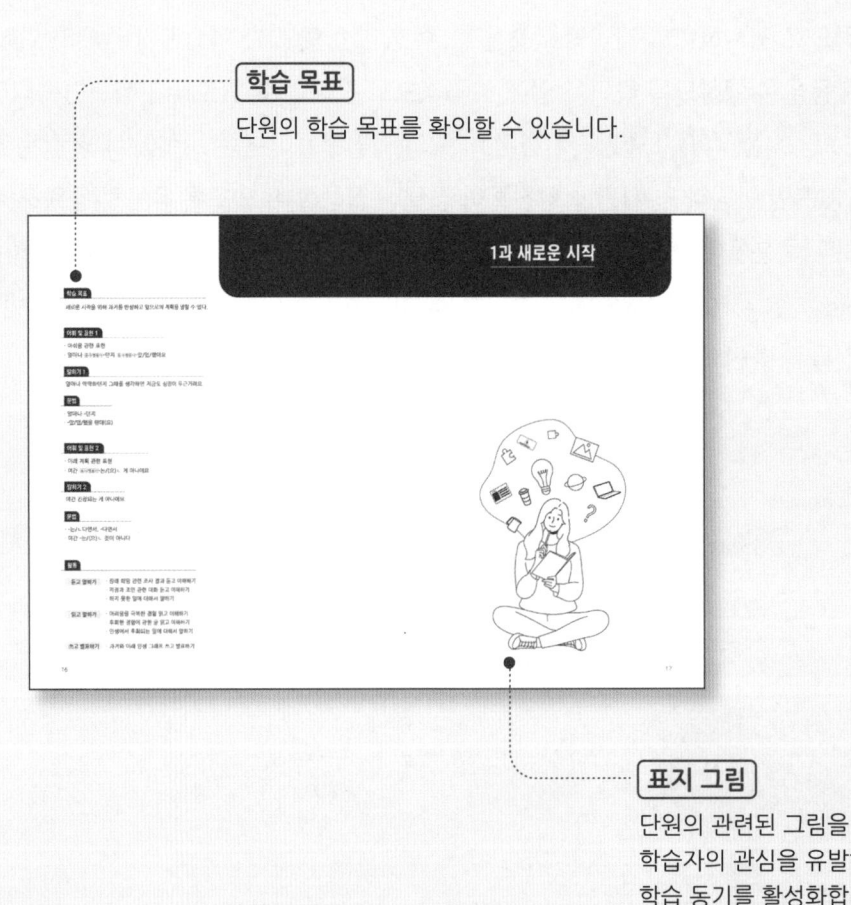

표지 그림
단원의 관련된 그림을 통해 학습자의 관심을 유발하고 학습 동기를 활성화합니다.

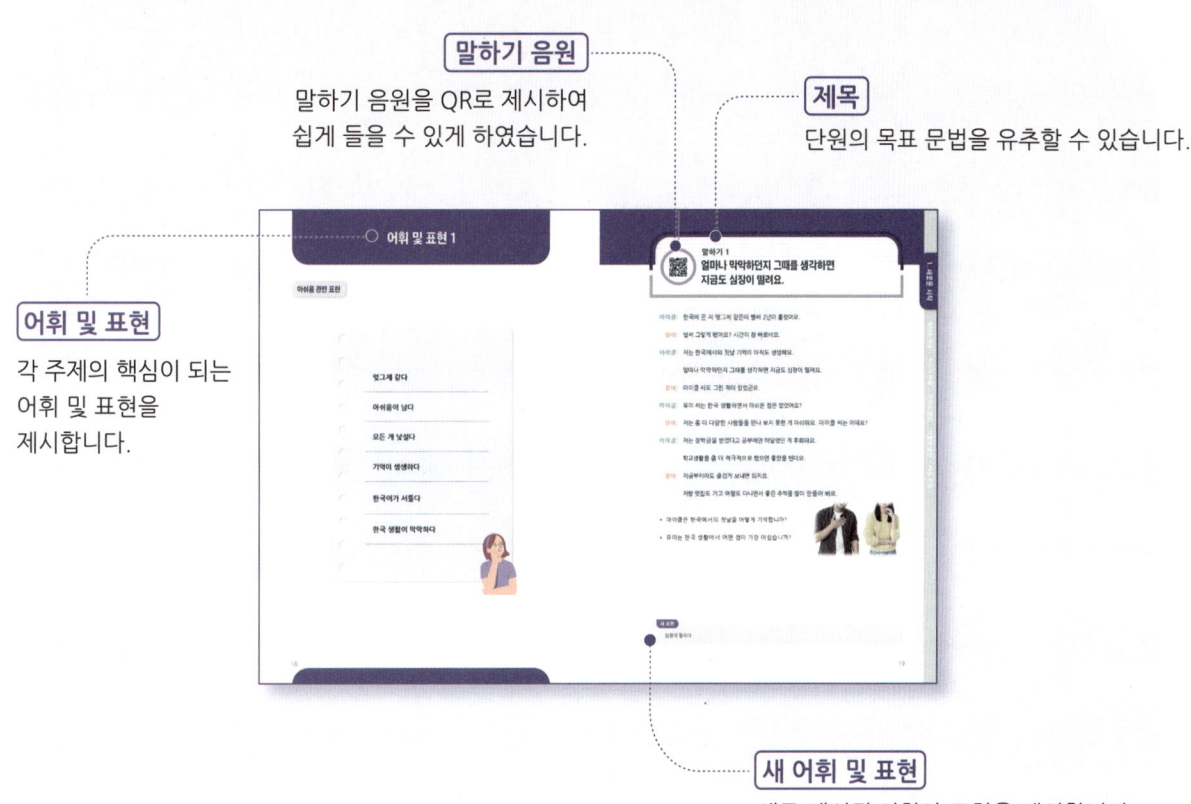

말하기 음원
말하기 음원을 QR로 제시하여 쉽게 들을 수 있게 하였습니다.

제목
단원의 목표 문법을 유추할 수 있습니다.

어휘 및 표현
각 주제의 핵심이 되는 어휘 및 표현을 제시합니다.

새 어휘 및 표현
새로 제시된 어휘와 표현을 제시합니다.

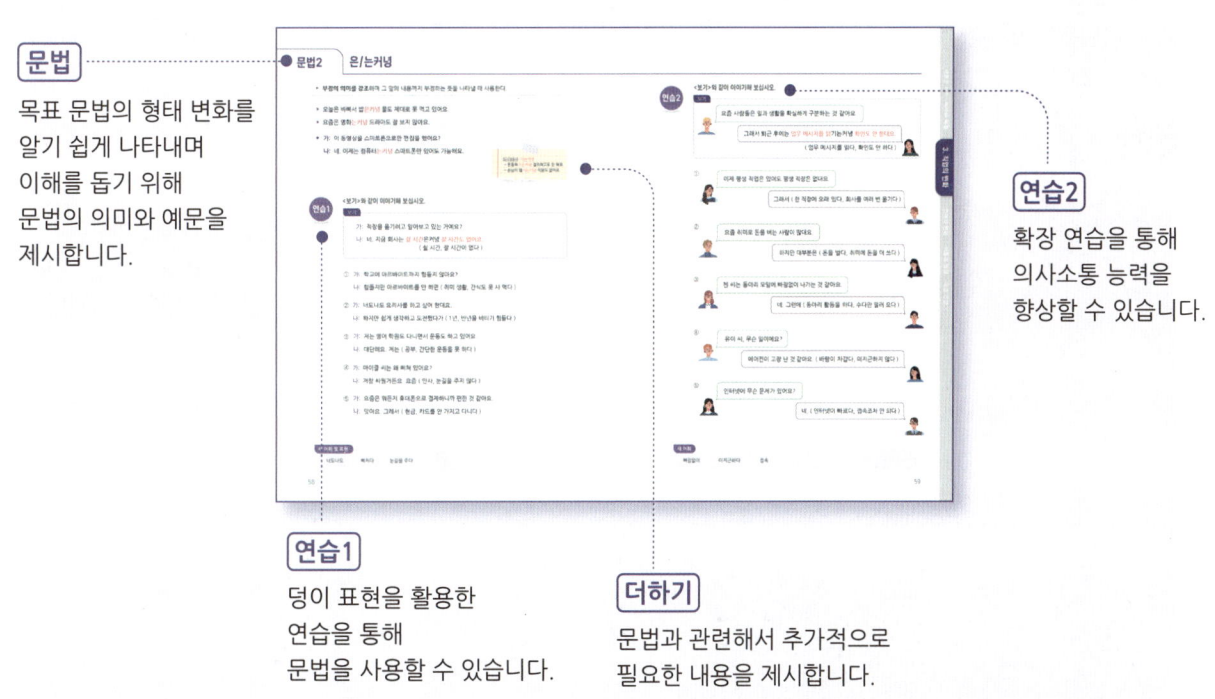

문법
목표 문법의 형태 변화를 알기 쉽게 나타내며 이해를 돕기 위해 문법의 의미와 예문을 제시합니다.

연습2
확장 연습을 통해 의사소통 능력을 향상할 수 있습니다.

연습1
덩이 표현을 활용한 연습을 통해 문법을 사용할 수 있습니다.

더하기
문법과 관련해서 추가적으로 필요한 내용을 제시합니다.

〈 활동 〉

각 과의 주제와 관련된 듣고 말하기, 읽고 말하기, 쓰고 발표하기 활동으로 구성되어 있습니다.

듣고 말하기

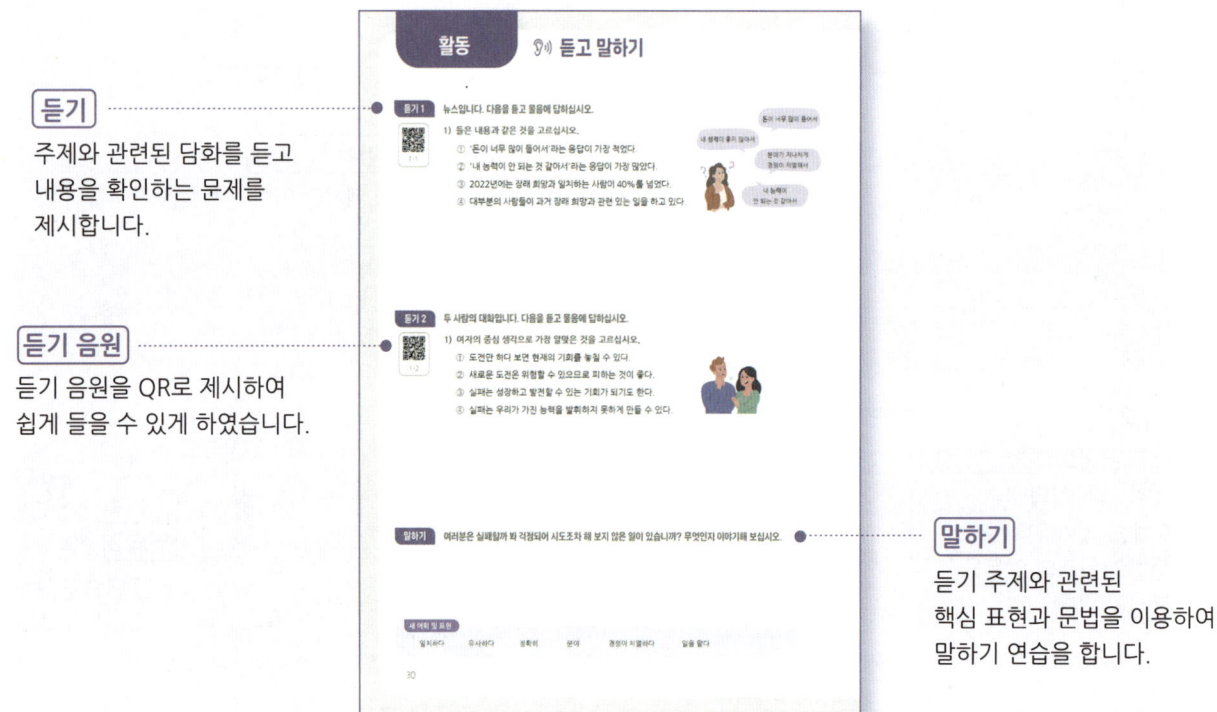

듣기
주제와 관련된 담화를 듣고 내용을 확인하는 문제를 제시합니다.

듣기 음원
듣기 음원을 QR로 제시하여 쉽게 들을 수 있게 하였습니다.

말하기
듣기 주제와 관련된 핵심 표현과 문법을 이용하여 말하기 연습을 합니다.

읽고 말하기

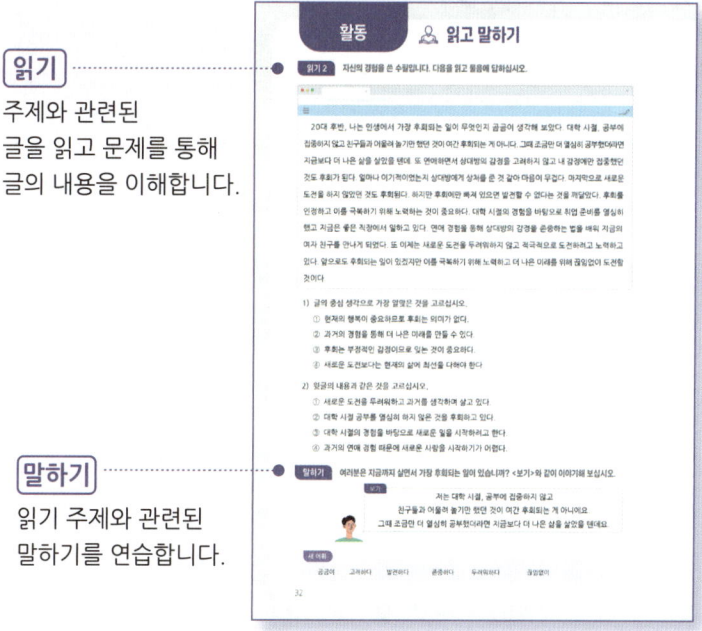

읽기
주제와 관련된
글을 읽고 문제를 통해
글의 내용을 이해합니다.

말하기
읽기 주제와 관련된
말하기를 연습합니다.

쓰고 발표하기

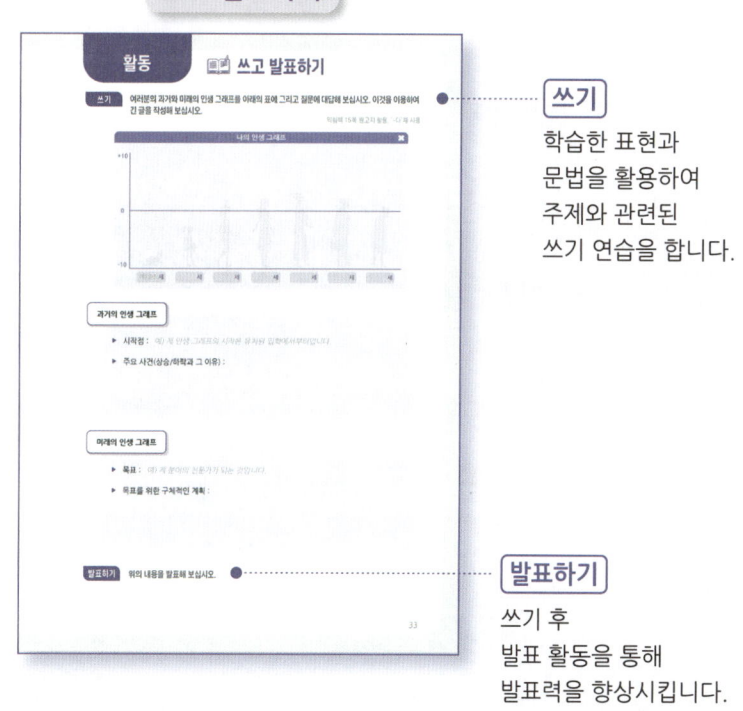

쓰기
학습한 표현과
문법을 활용하여
주제와 관련된
쓰기 연습을 합니다.

발표하기
쓰기 후
발표 활동을 통해
발표력을 향상시킵니다.

9

〈 문화 〉

주제와 관련된 한국 문화를 사진과 간단한 설명을 제시하여 이해하기 쉽게 하였습니다.

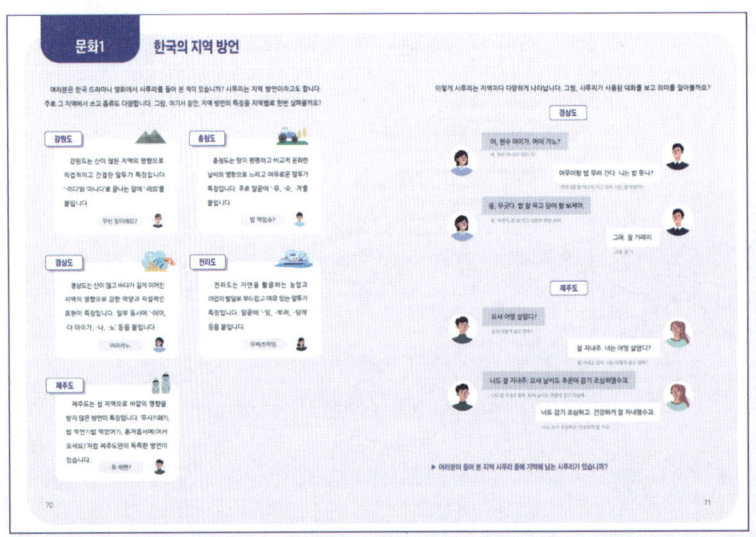

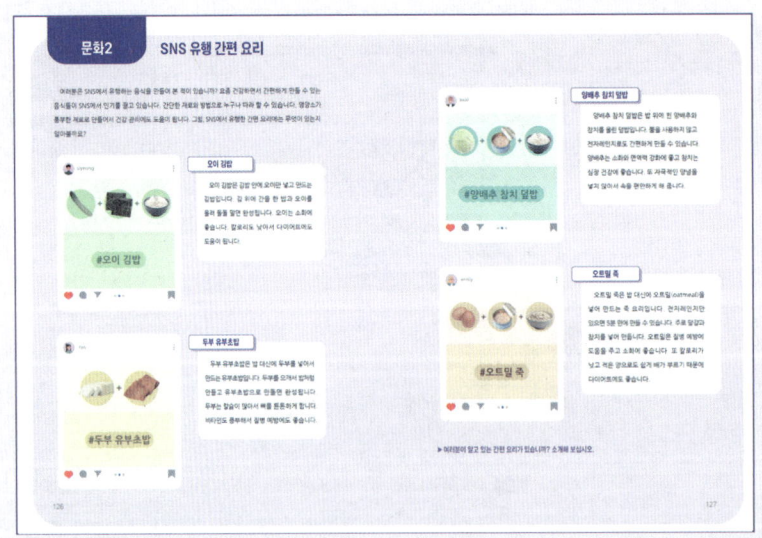

〈 모범 답안 및 정답 예시 〉

듣기, 읽기 활동의 정답을 확인할 수 있습니다.

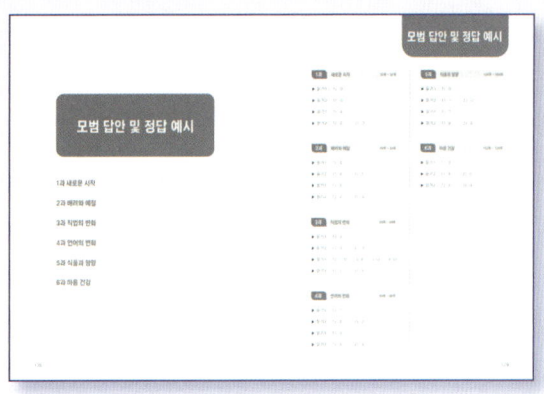

〈 듣기 지문 〉

각 과의 듣기 지문을 제공하였습니다.

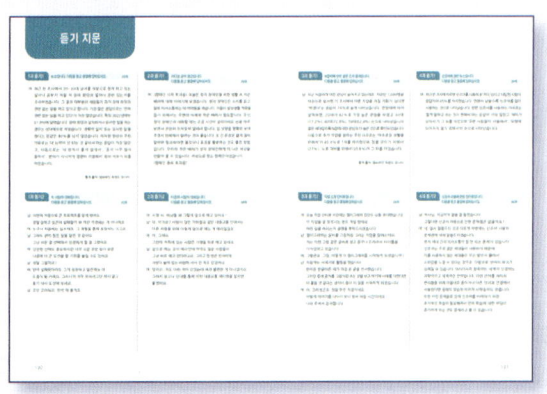

〈 어휘·표현 색인 〉

교재에 나온 주요 어휘를 해당 과의 쪽수와 함께 제시하였습니다.

목차

발간사	4
머리말	5
일러두기	6
교재구성표	14

1과 새로운 시작
- 말하기 1 얼마나 막막하던지 그때를 생각하면 지금도 심장이 떨려요. … 19
- 말하기 2 여간 긴장되는 게 아니에요. … 25

2과 배려와 예절
- 말하기 1 안내견이 아무리 귀엽더라도 만지면 안 돼요. … 37
- 말하기 2 큰 소리로 웃어 대서 영화에 집중할 수가 없었어요. … 43

3과 직업의 변화
- 말하기 1 일과 취미를 같이 할 수 있다면 한번 해 보고 싶네요. … 55
- 말하기 2 과학의 발전으로 인해 농업 기술이 많이 바뀌었네요. … 61

문화 1 한국의 지역 방언 … 70

4과 언어의 변화	말하기 1	그런 의미가 있는 줄 몰랐어요.	75
	말하기 2	회사에서 살다시피 했어요.	81

5과 식품과 영양	말하기 1	영양을 주제로 이야기를 나눠 보고자 합니다.	93
	말하기 2	고깃집에서 음식 궁합을 맞춰 주는 셈이네요.	99

6과 마음 건강	말하기 1	산책을 하든지 친구를 만나든지 해 보세요.	111
	말하기 2	지금까지 왜 그렇게 안 했는지 모르겠어요.	117

문화 2	SNS 유행 간편 요리	126

부록	모범 답안 및 정답 예시	128
	듣기 지문	130
	어휘·표현 색인	134
	출처 표기	138

단원	주제	어휘 및 표현	말하기	문법
1과	새로운 시작	· 아쉬움 관련 표현 · 미래 계획 관련 표현 · 얼마나 [동사/형용사]-던지 [동사/형용사]-았/었/했어요 · 여간 [동사/형용사]-는/(으)ㄴ 게 아니에요	▶ 얼마나 막막하던지 그때를 생각하면 지금도 심장이 떨려요. ▶ 여간 긴장되는 게 아니에요.	· 얼마나 -던지 · -았/었/했을 텐데(요) · -는/ㄴ 다면서, -다면서 · 여간 -는/(으)ㄴ 것이 아니다
2과	배려와 예절	· 배려 관련 어휘 및 표현 · 예의 관련 표현 · [동사/형용사]-더라도 [동사]-(으)면 안 돼요 · [동사]-아/어 해 대서 [동사]-(으)ㄹ 수 없어요	▶ 안내견이 아무리 귀엽더라도 만지면 안 돼요. ▶ 큰 소리로 웃어 대서 영화에 집중할 수가 없었어요.	· -(으)ㄹ걸 · -더라도 · -아/어해 대다 · -는 바람에
3과	직업의 변화	· 직업의 변화 관련 어휘 및 표현 · 직업의 변화 관련 표현 · [동사/형용사]-는/ㄴ 다면 [동사]-고 싶어요 · [명사](으)로 인해 [동사]-았/었/했습니다	▶ 일과 취미를 같이 할 수 있다면 한번 해 보고 싶네요. ▶ 과학의 발전으로 인해 농업 기술이 많이 바뀌었네요.	· -는/ㄴ 다면, -다면 · 은/는커녕, -기는커녕 · (으)로 인해(=인하여) · (이)든
문화1	한국의 지역 방언			
4과	언어의 변화	· 신조어 관련 표현 · 비유 관련 표현 · [동사]-고 보니 [동사/형용사]-았/었/했어요 · [동사]-듯이 [동사/형용사]-아/어해요	▶ 그런 의미가 있는 줄 몰랐어요. ▶ 회사에서 살다시피 했어요.	· -고 보다 · -는/(으)ㄴ/(으)ㄹ 줄 · -다시피 · -듯이
5과	식품과 영양	· 영양소 관련 어휘 및 표현 · 음식 궁합 관련 표현 · [동사]-고자 합니다 · [명사]치고(는) [동사/형용사]-는/(으)ㄴ 편이네요	▶ 영양을 주제로 이야기를 나눠 보고자 합니다. ▶ 고깃집에서 음식 궁합을 맞춰 주는 셈이네요.	· -고자 · -더군(요) · 치고(는) · -는/(으)ㄴ 셈이다
6과	마음 건강	· 마음 건강 관련 표현 · 마음의 병 대처 관련 표현 · [동사]-든지 해 보세요 · [동사/형용사]-는/(으)ㄴ지 모르겠어요	▶ 산책을 하든지 친구를 만나든지 해 보세요. ▶ 지금까지 왜 그렇게 안 했는지 모르겠어요.	· -고 해서 · -든지 · -는/(으)ㄴ지 (의문) · -는/(으)ㄴ 김에
문화2	SNS 유행 간편 요리			

교재구성표

더하기	활동		
	듣고 말하기	읽고 말하기	쓰고 발표하기
	· 장래 희망 관련 조사 결과 듣고 이해하기 · 걱정과 조언 관련 대화 듣고 이해하기 · 하지 못한 일에 대해서 말하기	· 어려움을 극복한 경험 읽고 이해하기 · 후회한 경험에 관한 글 읽고 이해하기 · 인생에서 후회되는 일에 대해서 말하기	· 과거와 미래 인생 그래프 쓰고 발표하기
	· 청각 장애인을 위한 배려 듣고 이해하기 · 지하철 이용 시 지켜야 할 예절에 대해서 듣고 이해하기 · 대중교통 이용 시 불편함을 주는 행동에 대해서 말하기	· 신문 기사 제목 읽고 중심 내용 추론하기 · 배려형 키오스크에 관한 글 읽고 이해하기 · 각 국가의 사회적 약자를 위한 배려에 대해서 말하기	· 사회적 약자를 위한 시설에 대해서 쓰고 발표하기
	· 직업 인식에 관한 뉴스 듣고 이해하기 · 직업 인터뷰 듣고 이해하기 · 자기 나라 직업에 대해서 말하기	· 직업 소개하는 글 읽고 이해하기 · 직업의 변화에 관한 글 읽고 이해하기 · 과거에 인기 있던 직업에 대해서 말하기	· 과거와 현재에 인기 있는 직업 쓰고 발표하기
	· 신조어 사용에 관한 설문 결과 듣고 이해하기 · 신조어 사용에 관한 대담 듣고 이해하기 · 알고 있는 신조어에 대해서 말하기	· 신문 기사 제목 읽고 중심 내용 추론하기 · 비유에 관한 글 읽고 이해하기 · 나라별 비유 표현에 대해서 말하기	· 바람직한 신조어 사용에 관한 글 쓰고 발표하기
	· 음식 궁합에 관한 대화 듣고 이해하기 · 건강한 음식과 음식에 대한 개인 취향 듣고 이해하기 · 건강을 위해서 만들어 먹는 자기만의 특별식 말하기	· 커스터마이징 메뉴에 관한 글 읽고 이해하기 · 음식 궁합과 영양소에 관한 글 읽고 이해하기 · 자기 나라에서 즐겨 먹는 건강식에 대해서 말하기	· 나의 식습관에 관한 글 쓰고 발표하기
	· 라디오 광고 듣고 이해하기 · 유학생 우울증에 관한 대화 듣고 이해하기 · 유학 생활 중 느끼는 불안감에 대해서 말하기	· 향수병에 관한 체크리스트 읽고 이해하기 · 우울증 관련 글 읽고 이해하기 · 향수병으로 힘들어하는 친구에게 조언하기	· 향수병에 대해서 쓰고 발표하기

학습 목표

새로운 시작을 위해 과거를 반성하고 앞으로의 계획을 말할 수 있다.

어휘 및 표현 1

- 아쉬움 관련 표현
- 얼마나 [동사/형용사]-던지 [동사/형용사]-았/었/했어요

말하기 1

얼마나 막막하던지 그때를 생각하면 지금도 심장이 떨려요.

문법

- 얼마나 -던지
- -았/었/했을 텐데(요)

어휘 및 표현 2

- 미래 계획 관련 표현
- 여간 [동사/형용사]-는/(으)ㄴ 게 아니에요

말하기 2

여간 긴장되는 게 아니에요.

문법

- -는/ㄴ다면서, -다면서
- 여간 -는/(으)ㄴ 것이 아니다

활동

듣고 말하기	· 장래 희망 관련 조사 결과 듣고 이해하기 · 걱정과 조언 관련 대화 듣고 이해하기 · 하지 못한 일에 대해서 말하기
읽고 말하기	· 어려움을 극복한 경험 읽고 이해하기 · 후회한 경험에 관한 글 읽고 이해하기 · 인생에서 후회되는 일에 대해서 말하기
쓰고 발표하기	· 과거와 미래 인생 그래프 쓰고 발표하기

1과 새로운 시작

어휘 및 표현 1

아쉬움 관련 표현

엊그제 같다

아쉬움이 남다

모든 게 낯설다

기억이 생생하다

한국어가 서툴다

한국 생활이 막막하다

말하기 1
얼마나 막막하던지 그때를 생각하면 지금도 심장이 떨려요.

마이클: 한국에 온 지 엊그제 같은데 벌써 2년이 흘렀어요.

유이: 벌써 그렇게 됐어요? 시간이 참 빠르네요.

마이클: 저는 한국에서의 첫날 기억이 아직도 생생해요.

얼마나 막막하던지 그때를 생각하면 지금도 심장이 떨려요.

유이: 마이클 씨도 그런 적이 있었군요.

마이클: 유이 씨는 한국 생활하면서 아쉬운 점은 없었어요?

유이: 저는 좀 더 다양한 사람들을 만나 보지 못한 게 아쉬워요. 마이클 씨는 어때요?

마이클: 저는 장학금을 받겠다고 공부에만 매달렸던 게 후회돼요.

학교생활을 좀 더 적극적으로 했으면 좋았을 텐데요.

유이: 지금부터라도 즐겁게 보내면 되지요.

저랑 맛집도 가고 여행도 다니면서 좋은 추억을 많이 만들어 봐요.

- 마이클은 한국에서의 첫날을 어떻게 기억합니까?
- 유이는 한국 생활에서 어떤 점이 가장 아쉽습니까?

새 표현

심장이 떨리다

문법1 얼마나 -던지

▶ **과거에 경험한 일**을 떠올리며 그때의 **정도를 강조**할 때 사용한다.

▸ 강아지가 얼마나 귀엽던지 안아 보고 싶었어요.
▸ 얼마나 피곤하던지 영화를 끝까지 못 봤어요.
▸ 유이가 얼마나 치킨을 맛있게 먹던지 저까지 입에 침이 고였다니까요.
▸ 악셀이 얼마나 노래를 잘 부르던지 모두가 감탄했어요.
▸ 오마르 씨 여자 친구가 얼마나 미인이던지 깜짝 놀랐어요.

◆ 가: 어제 부산에 비가 많이 내렸다면서요?
　나: 네. 비가 얼마나 많이 오던지 앞이 잘 안 보였어요.

연습1 <보기>와 같이 이야기해 보십시오.

> 보기
> 가: 타오 씨는 한국에 온 첫날 어땠어요?
> 나: 얼마나 집이 그립던지 울다가 잠이 들었어요.
> 　　　(집이 그립다, 울다가 잠이 들다)

① 가: 유이 씨, 한국 생활이 많이 힘들었어요?
　나: 네. (힘들다, 고향으로 돌아가려고 하다)

② 가: 그동안 연락이 없어서 섭섭했어요.
　나: 미안해요. 한국 생활에 적응하느라 (정신이 없다, 연락을 자주 못하다)

③ 가: 오늘 공연은 정말 지루했어요.
　나: 저도요. (지루하다, 공연 중간에 졸다)

④ 가: 어제 많이 속상했죠?
　나: 네. (속상하다, 밤새도록 울다)

⑤ 가: 영화가 너무 감동적이었어요.
　나: 맞아요. (감동적이다, 자리에서 일어날 수 없다)

새 어휘 및 표현

적응하다　속상하다　밤새도록 울다

연습2 <보기>와 같이 이야기해 보십시오.

보기

 유이 씨의 한국어가 얼마나 유창하던지 한국 사람인 줄 알았다니까요.
(유이 씨의 한국어가 유창하다, 한국 사람인 줄 알다)

저도 한국 사람인 줄 착각했어요.

①  (환의 이야기가 흥미롭다, 시간 가는 줄 모르다)

맞아요. 환 씨는 정말 이야기를 재미있게 해요.

② (수아 씨의 결혼 소식이 갑작스럽다, 거짓말인 줄 알다)

저도 소식을 듣고 깜짝 놀랐어요.

③  (마르완이 나를 잘 챙기다, 정말 든든하다)

정말 고마웠겠어요.

④ (어제 야스민이 많이 울었다, 눈이 퉁퉁 붓다)

무슨 일이 있었어요?

⑤ (수아 씨의 남자 친구가 미남이다, 깜짝 놀라다)

그렇죠? 정말 잘생겼어요.

새 어휘

착각하다   유창하다   흥미롭다   갑작스럽다   든든하다   퉁퉁

문법2 -았/었/했을 텐데(요)

▸ 어떤 행동이나 태도에 대한 **후회**나 **아쉬움**을 표현할 때 사용한다.

▸ 최선을 다해서 이번 경기를 준비했으면 우승했을 텐데요.

▸ 일을 빨리 끝냈으면 동아리 모임에 갈 수 있었을 텐데요.

◆ 가: 시간이 충분했다면 좀 더 많은 대화를 나눴을 텐데요.
   나: 그렇죠? 저도 정말 아쉬워요.

연습1 <보기>와 같이 이야기해 보십시오.

> **보기**
> 가: 한국 생활을 좀 더 적극적으로 했으면 좋았을 텐데요.
>   (적극적으로 하다, 좋다)
> 나: 지금부터라도 즐겁게 보내면 되지요.

① 가: (서두르지 않다, 지난번과 같은 실수를 안 하다)
   나: 그럴 수도 있죠. 실수는 누구나 다 하잖아요.

② 가: (우리가 도와주다, 일이 빨리 끝나다)
   나: 제 일인 걸요. 조금만 더 하면 다 끝나요.

③ 가: (마르완에게 솔직하게 말하다, 오해가 없다)
   나: 다음부터는 숨기지 말고 솔직하게 말할게요.

④ 가: (그때 일을 그만두다, 이 고생은 하지 않다)
   나: 그래도 이 일을 좋아하잖아요.

⑤ 가: (계속 축구를 하다, 국가대표가 되다)
   나: 이미 지나간 일이에요. 지금 일도 잘하고 있잖아요.

새 어휘
신중하다   적극적   고생

연습2 <보기>와 같이 이야기해 보십시오.

보기

오마르 씨와 프로젝트를 함께 했더라면 좋았을 텐데요.
(프로젝트를 함께 하다, 좋다)

그러게요. 다음 프로젝트는 꼭 같이 하면 좋겠어요.

① (5분 일찍 주문하다, 반값에 살 수 있다)

이제부터 광고지를 잘 봐야겠어요.

② (일찍 출발하다, 비행기를 안 놓치다)

좀 서두를 걸 그랬어요.

③ (더 노력하다, 장학금을 받다)

다음 학기에는 꼭 받을 수 있을 거예요.

④ (배낭여행을 같이 가다, 재미있다)

저도 같이 못 가서 아쉬웠어요.

⑤ (약속 시간을 미리 말해 주다, 오래 안 기다리다)

미안해요. 깜박했어요.

새 어휘

반값

어휘 및 표현 2

미래 계획 관련 표현

- ☐ 꾸준히 노력하다
- ☐ 새로운 것을 시도하다
- ☐ 관심 분야를 찾아보다
- ☐ 다양한 분야를 경험하다
- ☐ 여러 분야에서 경험을 쌓다
- ☐ 구체적인 미래 계획을 세우다

말하기 2
여간 긴장되는 게 아니에요.

마르완: 에밀리 씨, 다음 주가 한식 조리사 자격증 시험이지요?

에밀리: 네. 그 생각만 하면 가슴이 콩닥콩닥 뛰고 여간 긴장되는 게 아니에요.

마르완: 너무 걱정하지 마세요. 꾸준히 노력해 왔으니까 좋은 결과가 있을 거예요.

에밀리: 마르완 씨, 제가 그동안 한국 음식을 연습한다면서 이상한 음식도 많이 만들었잖아요. 그때마다 맛있게 먹어 줘서 고마워요.

마르완: 고맙기는요. 정말 맛있게 먹었어요. 그런데 자격증을 따면 뭐 할 거예요?

에밀리: 저는 자격증을 따면 한국 식당에 취직하려고요. 3년 정도 경험을 쌓은 후에 고향으로 돌아가서 한식당을 열고 싶어요.

마르완: 와, 멋진 계획이네요. 식당을 열면 저도 꼭 초대해 주세요.

- 에밀리는 시험을 앞두고 기분이 어떻습니까?
- 에밀리는 자격증을 취득한 후 무엇을 하려고 합니까?

새 어휘 및 표현

한식 조리사   가슴이 콩닥콩닥 뛰다

문법1 -는/ㄴ다면서, -다면서

- 다른 사람이 어떤 말을 하면서 **함께 어떤 행동을 할 때** 사용한다.
- 예전의 말과 상황이 **지금의 상황과 다름을 따져 물을 때** 사용한다.

- 유이는 음악을 듣**는다면서** 방으로 들어갔어요.
- 도서관에 간**다면서** 아직 집에 있어?
- 마르완은 날씨가 덥**다면서** 밤새 에어컨을 켜 놓고 잤다.
- 요즘 한가하**다면서** 전화 한 통 못하니?
- 샤오민은 그동안 사 모은 가방**이라면서** 나에게 이것저것 보여줬다.
- 모임 시간이 1시**라면서** 왜 아직 우리밖에 없어요?

- 가: 아프**다면서** 집에서 쉬지 않고 어딜 가려고?
- 나: 일이 남아서 잠깐 나갔다 와야 해서요.

<보기>와 같이 이야기해 보십시오.

> 보기
> 가: 오마르에게 뭐 좋은 일이 있어요?
> 나: **오늘 데이트가 있**다면서 저렇게 좋아하네요.
>   (오늘 데이트가 있다)

① 가: 수아 씨는 어디에 있어요?
   나: (음악을 듣다) 방으로 들어갔어요.

② 가: 환 씨는 벌써 갔어요?
   나: (일찍 출근하다) 밥도 안 먹고 갔어요.

③ 가: 샤오민 씨가 안 보이네요.
   나: (공포 영화는 안 좋아하다) 저 혼자 보고 오래요.

④ 가: 이게 다 야스민 씨 치마예요?
   나: 네. (치마 디자인이 예쁘다) 세 벌이나 샀어요.

⑤ 가: 와, 그림이 멋져요.
   나: (아버지께서 멋진 작품이다) 보내 주셨어요.

<보기>와 같이 이야기해 보십시오.

보기

 유이 씨, 도서관에 간다면서 아직도 기숙사에 있어요?
(도서관에 가다)

휴대폰을 놓고 가서 다시 들어왔어요.

①  환 씨, (일찍 자다) 아직도 게임을 하고 있어요?

조금만 하려고 했는데 시간이 벌써 이렇게 됐네요.

②  (아까부터 씻다) 왜 아직도 그러고 있어요?

남자 친구랑 통화를 하느라고요.

③  (모임 장소가 여기다) 왜 우리밖에 없지요?

사람들이 시간을 착각했나 봐요.

④  (아프다) 집에 있지 않고 어디를 가니?

저도 그러고 싶은데 내일부터 시험이에요.

⑤  네가 아까는 (이 말이 맞는 말이다) 왜 또 다른 소리를 해?

미안해요.

문법2 여간 -는/(으)ㄴ 것이 아니다

▸ 상태나 정도가 **보통 이상임을 강조**하여 말할 때 사용한다.

▸ 이 구두는 신고 다니기에 **여간** 불편한 **것이**(=게) **아니에요**.

▸ 잔느 씨는 운전을 **여간** 잘하**는 것이**(=게) **아니에요**.

◆ 가: 신입 사원 오마르 씨는 어때요?
  나: **여간** 성실한 사람**이 아니에요**.

<보기>와 같이 이야기해 보십시오.

> 보기
> 가: 한국 생활이 어때요?
> 나: **한국 생활이** 여간 **힘든** 게 아니에요.
>   (한국 생활이 힘들다)

① 음식이 맛있다

② 학교생활이 재미있다

③ 대중교통이 편리하다

④ 사람들이 친절하다

⑤ 겨울 날씨가 춥다

연습2 <보기>와 같이 이야기해 보십시오.

보기
새로 시작한 일은 어때요?

일에 적응하는 데 여간 **시간이 걸리**는 게 아니에요.
(일에 적응하는 데 시간이 걸리다)

① 환 씨는 한국 사람 같아요.

맞아요. (한국 문화에 잘 적응하다)

② 수아 씨, 요즘 스트레스가 많아 보여요.

네. (스트레스를 많이 받다)

③ 야스민 씨 남자 친구를 봤어요?

네. (두 사람이 잘 어울리다)

④ 에밀리 씨가 매운 음식을 잘 먹나 봐요.

네. (매운 김치도 잘 먹다)

⑤ 유이 씨가 이번에도 실수했어요.

네. (매사에 덤벙대다)

새 어휘

매사   덤벙대다

활동 — 듣고 말하기

듣기 1 뉴스입니다. 다음을 듣고 물음에 답하십시오.

1) 들은 내용과 같은 것을 고르십시오.
   ① '돈이 너무 많이 들어서'라는 응답이 가장 적었다.
   ② '내 능력이 안 되는 것 같아서'라는 응답이 가장 많았다.
   ③ 2022년에는 장래 희망과 일치하는 사람이 40%를 넘었다.
   ④ 대부분의 사람들이 과거 장래 희망과 관련 있는 일을 하고 있다.

듣기 2 두 사람의 대화입니다. 다음을 듣고 물음에 답하십시오.

1) 여자의 중심 생각으로 가장 알맞은 것을 고르십시오.
   ① 도전만 하다 보면 현재의 기회를 놓칠 수 있다.
   ② 새로운 도전은 위험할 수 있으므로 피하는 것이 좋다.
   ③ 실패는 성장하고 발전할 수 있는 기회가 되기도 한다.
   ④ 실패는 우리가 가진 능력을 발휘하지 못하게 만들 수 있다.

말하기 여러분은 실패할까 봐 걱정되어 시도조차 해 보지 않은 일이 있습니까? 무엇인지 이야기해 보십시오.

새 어휘 및 표현

일치하다   유사하다   정확히   분야   경쟁이 치열하다   일을 맡다

활동  읽고 말하기

읽기 1 SNS에 올린 한국 유학 경험에 관한 글입니다. 다음을 읽고 물음에 답하십시오.

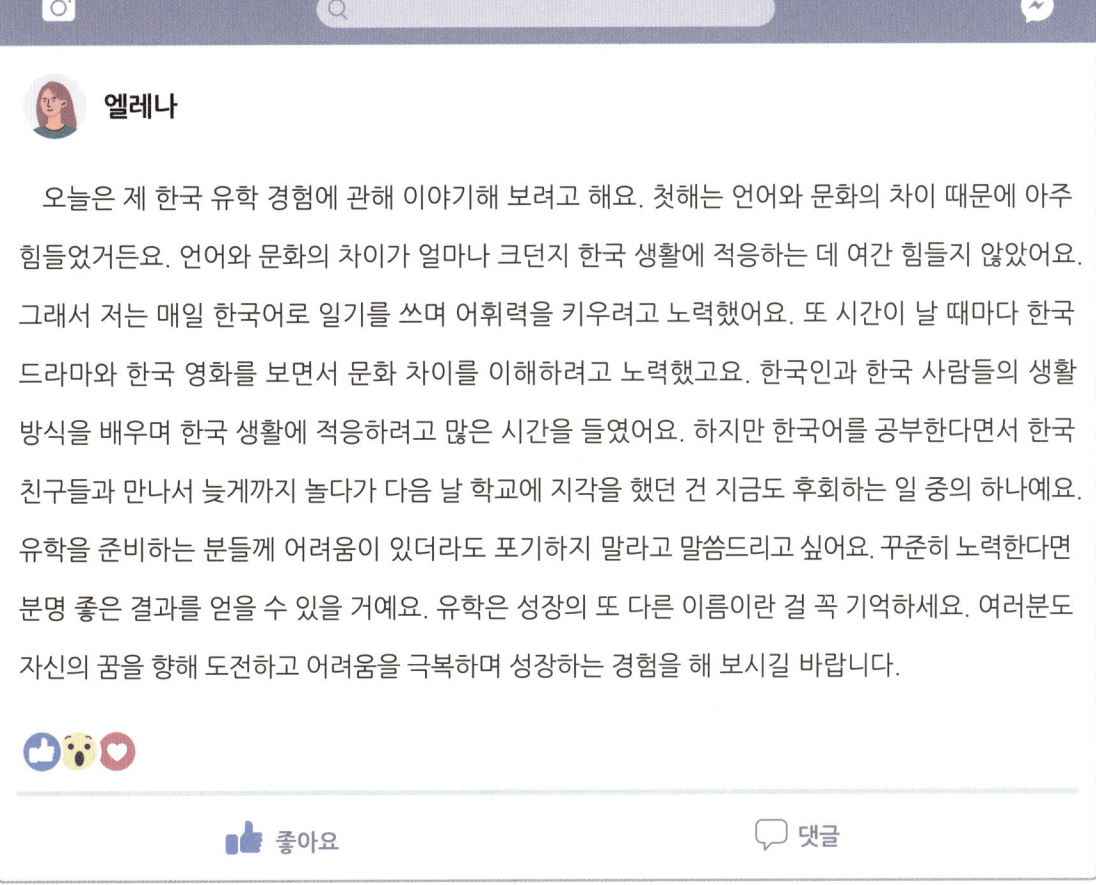

1) 윗글을 쓴 목적으로 가장 알맞은 것으로 고르십시오.

① 한국 유학 비용과 학교를 홍보하려고
② 한국 유학의 장점을 강조하고 소개하려고
③ 한국 유학의 어려움을 설명하고 경고하려고
④ 한국 유학을 준비하는 사람들에게 조언하려고

새 어휘

어휘력   극복하다

활동   읽고 말하기

읽기 2   자신의 경험을 쓴 수필입니다. 다음을 읽고 물음에 답하십시오.

> 20대 후반, 나는 인생에서 가장 후회되는 일이 무엇인지 곰곰이 생각해 보았다. 대학 시절, 공부에 집중하지 않고 친구들과 어울려 놀기만 했던 것이 여간 후회되는 게 아니다. 그때 조금만 더 열심히 공부했더라면 지금보다 더 나은 삶을 살았을 텐데. 또 연애하면서 상대방의 감정을 고려하지 않고 내 감정에만 집중했던 것도 후회가 된다. 얼마나 이기적이었는지 상대방에게 상처를 준 것 같아 마음이 무겁다. 마지막으로 새로운 도전을 하지 않았던 것도 후회된다. 하지만 후회에만 빠져 있으면 발전할 수 없다는 것을 깨달았다. 후회를 인정하고 이를 극복하기 위해 노력하는 것이 중요하다. 대학 시절의 경험을 바탕으로 취업 준비를 열심히 했고 지금은 좋은 직장에서 일하고 있다. 연애 경험을 통해 상대방의 감정을 존중하는 법을 배워 지금의 여자 친구를 만나게 되었다. 또 이제는 새로운 도전을 두려워하지 않고 적극적으로 도전하려고 노력하고 있다. 앞으로도 후회되는 일이 있겠지만 이를 극복하기 위해 노력하고 더 나은 미래를 위해 끊임없이 도전할 것이다.

1) 글의 중심 생각으로 가장 알맞은 것을 고르십시오.
   ① 현재의 행복이 중요하므로 후회는 의미가 없다.
   ② 과거의 경험을 통해 더 나은 미래를 만들 수 있다.
   ③ 후회는 부정적인 감정이므로 잊는 것이 중요하다.
   ④ 새로운 도전보다는 현재의 삶에 최선을 다해야 한다.

2) 윗글의 내용과 같은 것을 고르십시오.
   ① 새로운 도전을 두려워하고 과거를 생각하며 살고 있다.
   ② 대학 시절 공부를 열심히 하지 않은 것을 후회하고 있다.
   ③ 대학 시절의 경험을 바탕으로 새로운 일을 시작하려고 한다.
   ④ 과거의 연애 경험 때문에 새로운 사랑을 시작하기가 어렵다.

말하기   여러분은 지금까지 살면서 가장 후회되는 일이 있습니까? <보기>와 같이 이야기해 보십시오.

> **보기**
> 저는 대학 시절, 공부에 집중하지 않고 친구들과 어울려 놀기만 했던 것이 여간 후회되는 게 아니에요. 그때 조금만 더 열심히 공부했더라면 지금보다 더 나은 삶을 살았을 텐데요.

새 어휘

곰곰이   고려하다   발전하다   존중하다   두려워하다   끊임없이

활동  쓰고 발표하기

쓰기 여러분의 과거와 미래의 인생 그래프를 아래의 표에 그리고 질문에 대답해 보십시오. 이것을 이용하여 긴 글을 작성해 보십시오.

익힘책 15쪽 원고지 활용, '-다'체 사용

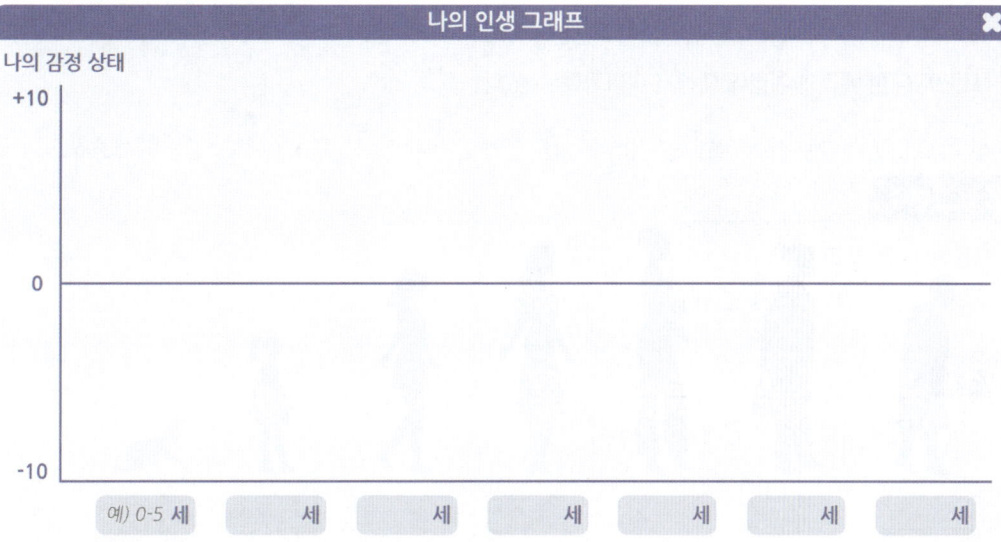

과거 인생 그래프

▶ 시작점 : *예) 제 인생 그래프의 시작은 유치원 입학에서부터입니다.*

▶ 주요 사건(상승/하락과 그 이유) :

미래 인생 그래프

▶ 목표 : *예) 제 분야의 전문가가 되는 것입니다.*

▶ 목표를 위한 구체적인 계획 :

발표하기 위의 내용을 발표해 보십시오.

학습 목표

다른 사람에 대한 배려와 예절에 대해서 이야기할 수 있다.

어휘 및 표현 1

· 배려 관련 어휘 및 표현
· 동사/형용사 -더라도 동사 -(으)면 안 돼요

말하기 1

안내견이 아무리 귀엽더라도 만지면 안 돼요.

문법

· -(으)ㄹ걸
· -더라도

어휘 및 표현 2

· 예의 관련 표현
· 동사 -아/어/해 대서 동사 -(으)ㄹ 수 없어요

말하기 2

큰 소리로 웃어 대서 영화에 집중할 수가 없었어요.

문법

· -아/어/해 대다
· -는 바람에

활동

듣고 말하기	· 청각 장애인을 위한 배려 듣고 이해하기 · 지하철 이용 시 지켜야 할 예절에 대해서 듣고 이해하기 · 대중교통 이용 시 불편함을 주는 행동에 대해서 말하기
읽고 말하기	· 신문 기사 제목 읽고 중심 내용 추론하기 · 배려형 키오스크에 관한 글 읽고 이해하기 · 각 국가의 사회적 약자를 위한 배려에 대해서 말하기
쓰고 발표하기	· 사회적 약자를 위한 시설에 대해서 쓰고 발표하기

2과 배려와 예절

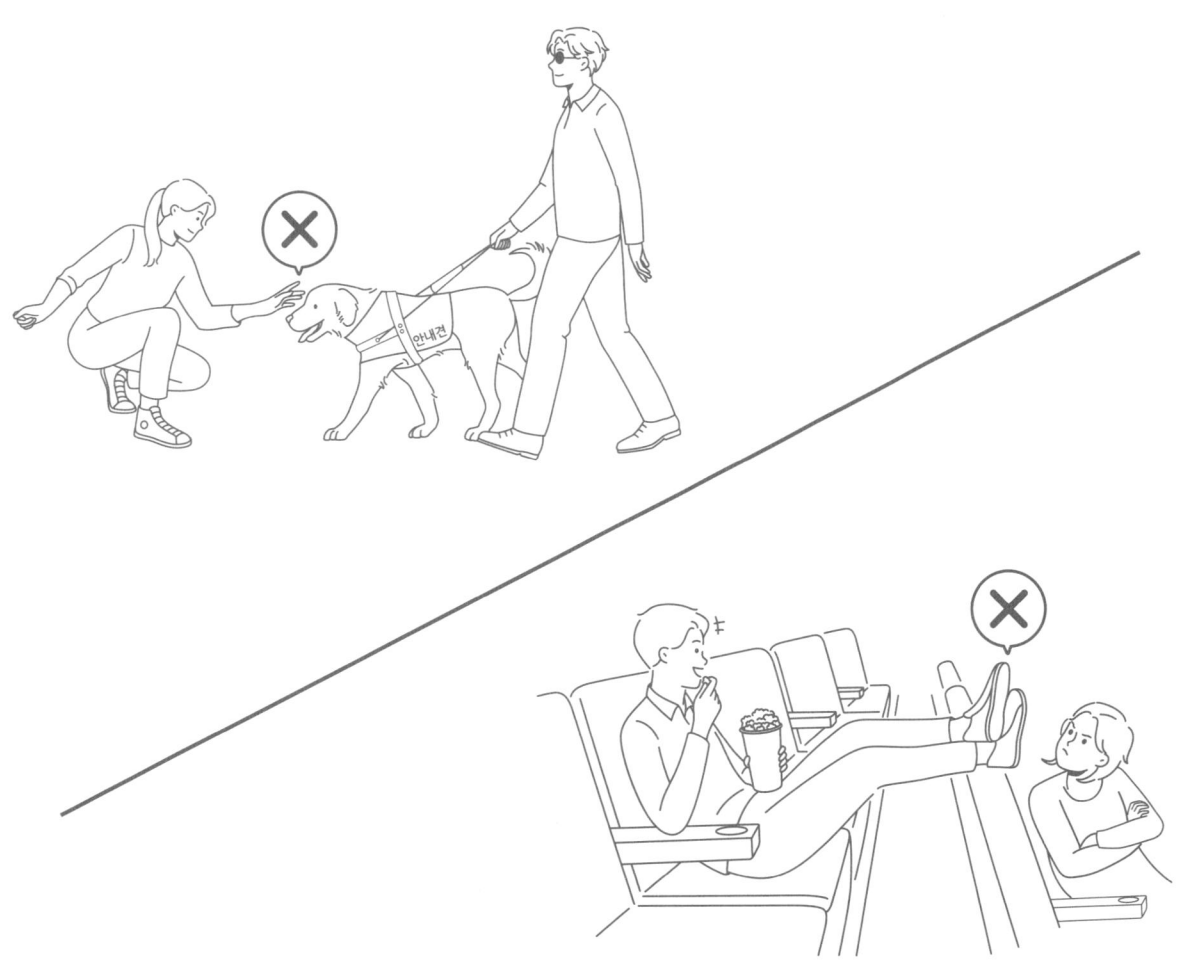

어휘 및 표현 1

배려 관련 어휘 및 표현

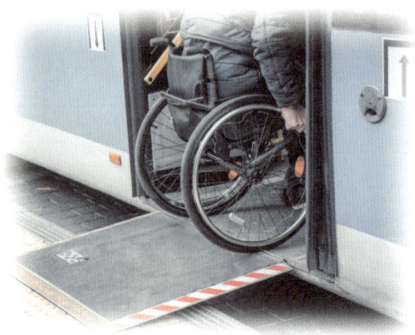
저상버스를 이용하다

청각 장애인을 위한 자막 방송

사회적 약자를 배려하다

시각 장애인을 위한 음성 안내

휠체어 리프트를 설치하다

말하기 1
안내견이 아무리 귀엽더라도 만지면 안 돼요.

시영: 타오 씨, 저 강아지가 너무 귀엽지요? 우리 같이 사진을 찍을까요?

타오: 안 돼요. 시영 씨, 저 강아지는 시각 장애인을 돕는 안내견이에요.
안내견이 아무리 귀엽더라도 만지면 안 돼요.

시영: 그래요? 왜 안내견을 만지면 안 돼요?

타오: 우리가 갑자기 만지면 안내견이 놀라서 시각 장애인이 위험해질 수 있대요.

시영: 아, 몰랐어요. 타오 씨가 이야기하지 않았으면 실수할 뻔했네요. 앞으로 조심해야겠어요.

타오: 시영 씨만 그런 게 아니에요. 이런 에티켓을 모르는 사람들이 많을걸요.

시영: 아, 그렇군요. 저도 타오 씨 덕분에 오늘 알았어요.
그럼, 다음에 안내견을 만나면 어떻게 해야 해요?

타오: 가장 좋은 배려는 안내견과 시각장애인을 위해 조용히 지나가 주는 거래요.

- 안내견을 왜 만지면 안 됩니까?
- 안내견과 시각 장애인을 만나면 어떻게 해야 합니까?

새 어휘

안내견   에티켓   배려

문법1 -(으)ㄹ걸

▶ 말하는 사람이 잘 모르거나 아직 일어나지 않은 일에 대해 **추측**을 할 때 사용한다.

▶ 밤늦은 시간에 악기 연주를 하면 이웃들이 안 좋아할걸요.

▶ 한국에서는 모자를 쓰고 인사하는 것은 예의가 아닐걸요.

◆ 가: 점심 먹고 택배를 보내러 우체국에 가려고요.
　나: 우체국도 지금 점심 시간이라 택배 업무를 안 할걸요.

연습1 <보기>와 같이 이야기해 보십시오.

> 보기
>
> 가: 혼자 사시는 어르신들을 위해 집 청소를 해 드려도 괜찮을까요?
> 나: 그럼요. **좋아하실**걸요.
> 　　　　(좋아하시다)

① 가: 임산부석이 비어 있는데 우리 저기 앉아요.
　나: 아마 (앉으면 안 되다)

② 가: 병원 화장실에 벨이 있던데 왜 있는 거예요?
　나: 아마 (도와주는 사람이 오다)

③ 가: 이 건물 화재 경고등은 소리가 아니라 불빛이네요?
　나: 아마 (청각 장애인에게 화재를 알리다)

④ 가: 한국의 대형 마트 안에는 장애인용 화장실이 있네요.
　나: 아마 (의무적으로 설치해야 하다)

⑤ 가: 우체국에 갔는데 돋보기가 있더라고요.
　나: (노인분들이 사용하는 것이다)

새 어휘
임산부석　　화재 경고등　　장애인용 화장실　　의무적　　설치하다　　돋보기

연습2 <보기>와 같이 이야기해 보십시오.

보기

 오마르 씨, 캠핑 갈 때 가져갈 짐은 다 챙겼어요?

저는 텐트만 준비했어요. 나머지는 **잔느 씨가 이미 챙겼**을걸요.
(잔느 씨가 이미 챙기다)

① 샤오민 씨 집에 식사 초대를 받아서 갔는데 실수했어요.

중국과 한국은 문화가 다르니까 (미리 식사 예절을 알아두면 좋다)

② 발표 자료를 공유 폴더에 올릴까요?

아니요. (벌써 유이 씨가 올리다)

③ 요즘 이웃 돕기 행사가 많던데 저도 참여하고 싶어요.

학교에 한 번 문의해 보세요. 학교에 (이웃 돕기 행사가 있다)

④ 잔느 씨가 요즘 몸이 안 좋아 보이던데요. 며칠 동안 회사에 안 나오네요.

그렇죠? 아마 (어제 휴가를 내다)

⑤ 수아 씨는 과제를 제출했대요?

성실해서 (이미 제출하다)

새 어휘

챙기다　　식사 예절　　공유 폴더　　이웃 돕기　　제출하다

39

문법2 -더라도

▸ 앞 문장의 내용과 **상관없이 뒤 문장의 내용이 일어날 때** 사용한다.

- 버스에서 통화를 하**더라도** 큰 소리로 하면 안 돼요.
- 주차 공간이 없**더라도** 장애인 주차 구역에 주차를 하면 안 됩니다.
- 아무리 바쁘**더라도** 엘리베이터 닫힘 버튼을 여러 번 누르면 안 됩니다.
- 아무리 친한 사이**더라도** 예의를 지켜야 해요.

◆ 가: 아무리 급하**더라도** 에스컬레이터에서는 뛰면 안 돼요.
　나: 죄송합니다 제가 좀 급해서요.

연습1 〈보기〉와 같이 이야기해 보십시오.

> **보기**
> 가: 대중교통을 이용할 때 주의할 점이 있어요?
> 나: 네. 아무리 **피곤하더라도 노약자석에 앉으면** 안 돼요.
> 　　　　　　(피곤하다, 노약자석에 앉다)

① 버스에서 사람이 붐비다, 다른 사람을 밀다

② 빨리 내리고 싶다, 버스가 멈추기 전에 일어나다

③ 지하철 자리가 좁다, 다리를 벌리고 앉다

④ 버스에 사람이 많다, 앞문으로 내리다

⑤ 버스가 멈춰 있다, 손잡이를 놓다

새 어휘 및 표현

장애인 주차 구역　　붐비다　　다리를 벌리다　　손잡이

연습2 <보기>와 같이 이야기해 보십시오.

> 보기
>
> 여기에서 길을 건널까요?
>
> 안 돼요. **조금 늦**더라도 **횡단보도로 건너야 해요**.
> (조금 늦다, 횡단보도로 건너다)

①  오마르 씨, 엘리베이터 좀 잡아 주세요. 휴대폰을 좀 가지고 올게요.

에밀리 씨, (다시 기다리다, 이번 엘리베이터는 보내다)

② 요즘 날씨가 더워서 종일 에어컨을 켜고 있어요.

그렇죠? 하지만 (많이 덥다, 한두 시간 사용 후 끄다)

③  잔느 씨, 휴대폰 소리가 너무 커요. 아무리 (지하철 안에 사람이 없다, 이어폰을 사용하다)

미안해요. 조심할게요.

④  쓰레기를 분류하는 일은 정말 귀찮아요.

환경을 생각하면 (귀찮다, 분류해서 버리다)

⑤  플리마켓에 가서 과소비를 했어요.

아무리 (가격이 저렴하다, 필요한 것만 사다)

새 어휘

조회 수   분류하다   플리 마켓   과소비하다

어휘 및 표현 2

예의 관련 표현

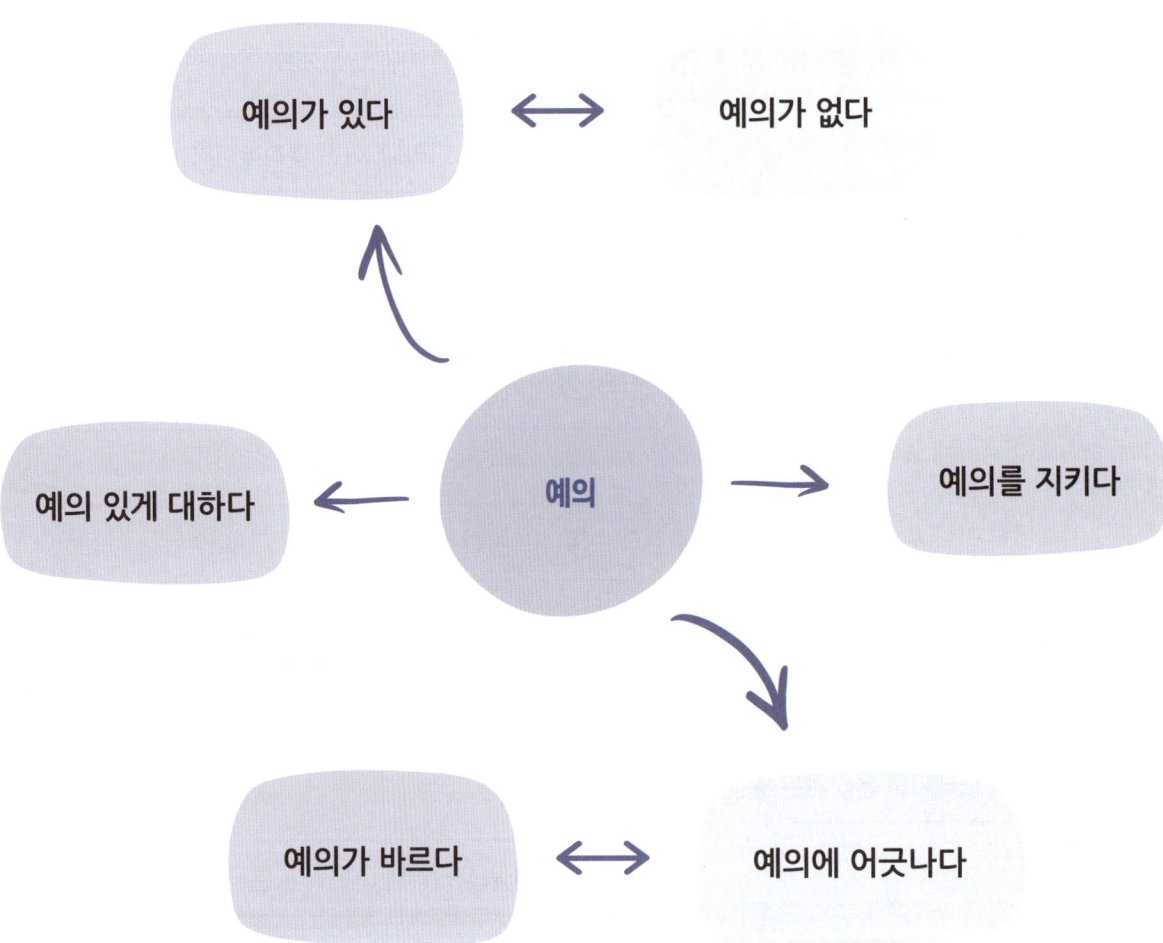

말하기 2
큰 소리로 웃어 대서 영화에 집중할 수가 없었어요.

마이클: 엘레나 씨, 영화는 재미있었어요?

엘레나: 글쎄요. 집중을 제대로 못 해서 재미있었는지 잘 모르겠어요.

마이클: 무슨 일이 있었어요?

엘레나: 옆에 앉은 사람이 너무 큰 소리로 웃어 대서 영화에 집중할 수가 없었어요.

마이클: 정말 짜증 났겠네요. 저도 비슷한 경험이 있어요.

뒤에 앉은 사람이 의자를 자꾸 발로 차는 바람에 영화 보는 내내 신경이 쓰였거든요.

엘레나: 정말 그랬겠어요. 영화관처럼 많은 사람들이 이용하는 장소에서는

기본적인 예절을 지키면 좋겠어요.

마이클: 맞아요. 그럼, 이번에는 평일에 저랑 같이 영화 보러 갈까요?

엘레나: 좋아요. 평일에는 사람이 많지 않아서 방해받지 않고 볼 수 있을 것 같네요.

- 엘레나는 영화를 볼 때 왜 집중할 수 없었습니까?
- 마이클은 영화관에서 어떤 일이 있었습니까?

새 어휘

집중하다　　방해

문법1 -아/어/해 대다

▶ 동작이나 행위를 계속하여 **반복**하여 **행동의 정도가 심할 때** 사용한다.

▸ 옆집 개가 계속 짖**어 대서** 잠을 못 잤어요.

▸ 언니는 나만 보면 항상 잔소리를 **해 대요**.

▸ 많은 사람들이 그 영화에 대해서 비난을 **해 댔다**.

◆ 가: 아이가 계속 울고 있네요. 괜찮아요?
　 나: 친구들이 놀**려 대서** 그래요. 곧 괜찮아질 거예요.

<보기>와 같이 이야기해 보십시오.

보기
가: 도서관에서 공부는 잘 하고 왔어요?
나: 아니요. **옆자리에서 자꾸 이야기**해 대서 **집중할 수가 없었어요**.
　　　(옆자리에서 자꾸 이야기하다, 집중할 수가 없다)

① 가: 어제 영화는 잘 봤어요?
　 나: 네. (하도 웃다, 배가 다 아프다)

② 가: 오마르 씨, 피곤해 보여요.
　 나: 룸메이트가 (밤새 코를 골다, 잠을 잘 못 자다)

③ 가: 환 씨, 목소리가 왜 그래요?
　 나: 노래방에서 (소리를 지르다, 목이 다 쉬다)

④ 가: 샤오민 씨, 옷이 참 많네요.
　 나: 동생이 (하도 옷을 사다, 이렇게 많아지다)

⑤ 가: 어제는 왜 밥도 안 먹고 바로 집에 갔어요?
　 나: 아이가 (계속 전화하다, 서둘러서 집에 가다)

새 어휘 및 표현

개가 짖다　　잔소리　　비난　　하도　　코를 골다

 **연습2** **<보기>와 같이 이야기해 보십시오.**

보기

 엘레나는 **게임을 할 때마다 큰소리로 떠들**어 대요.
(게임을 하다, 큰소리로 떠들다)

정말 시끄럽겠어요.

①  시영 씨는 (내가 부를 때마다, 한숨을 쉬다)

그래요? 왜 그럴까요?

② 우리 아이는 (마트에 가다, 장난감을 사 달라고 조르다)

우리 아이도 그래요.

③ 마르완은 (스트레스를 받다, 이것저것 마구 먹다)

그래요? 어쩐지 요즘에 많이 먹더라고요.

④ 친구들이 (내 옛날 사진을 보다, 자꾸 놀리다)

아마 귀여워서 그럴 거예요.

⑤ 에밀리는 (버스를 타다, 멀미를 하다)

아, 불편하겠어요.

새 어휘

조르다   마구

문법2 -는 바람에

▶ 주로 **부정적인 결과의 원인**이나 **이유**를 나타낼 때 사용한다.

▶ 휠체어 리프트가 고장 나**는 바람에** 휠체어를 이용할 수 없었다.

▶ 누군가가 장애인 주차 구역에 차를 대**는 바람에** 장애인이 주차를 할 수 없었다.

◆ 가: 민수 씨, 밖이 왜 이렇게 시끄러워요?
　 나: 자동차들이 불법 주차를 하**는 바람에** 소방차가 지나가지를 못 한대요.

연습1 <보기>와 같이 이야기해 보십시오.

> 보기
> 가: 왜 다리에 깁스를 했어요?
> 나: **계단에서 넘어지**는 바람에 **다리를 다쳤어요**.
> 　　(계단에서 넘어지다, 다리를 다치다)

① 가: 왜 회의 시간에 늦었어요?
　 나: (발표 자료를 집에 두고 오다, 늦다)

② 가: 왜 핸드폰 화면이 깨졌어요?
　 나: (바닥에 떨어뜨리다, 핸드폰 화면이 깨지다)

③ 가: 왜 배낭여행을 취소했어요?
　 나: (다음 주에 태풍이 오다, 못 가게 되다)

④ 가: 왜 과제를 안 보냈어요?
　 나: (노트북이 갑자기 고장 나다, 과제를 못 보내다)

⑤ 가: 왜 대사관에 갔어요?
　 나: (여권을 잃어버리다, 다시 신청하고 오다)

새 어휘
불법 주차　　깁스

 **연습2**

<보기>와 같이 이야기해 보십시오.

보기

어제 비가 많이 왔는데 공연은 잘 봤어요?

아니요. **갑자기 소나기가 쏟아지**는 바람에 **공연이 중단됐어요**.
(갑자기 소나기가 쏟아지다, 공연이 중단되다)

① 약속에 늦으면 미리 연락을 했어야죠.

죄송합니다. (휴대폰 배터리가 나가다, 연락을 못 하다)

② 시영 씨, 왜 이렇게 늦게 왔어요?

(차가 밀리다, 늦게 도착하다)

③ 설날에 고향은 잘 다녀왔어요?

아니요. (기차표 예매를 못 하다, 고향에 못 가다)

④ 환 씨, 이번에는 마라톤 코스를 완주했어요?

아니요. (다리에 쥐가 나다, 중간에 포기하다)

⑤ 지난 모임에 왜 안 왔어요?

이삿짐을 옮기다가 (허리를 다치다, 병원에 가다)

새 어휘 및 표현

쏟아지다   중단   마라톤 코스   완주하다   쥐가 나다

활동 🎧 듣고 말하기

듣기 1 라디오 공익 광고입니다. 다음을 듣고 물음에 답하십시오.

1) 중심 생각으로 가장 알맞은 것을 고르십시오.
   ① 청각 장애인은 소리로 의사소통을 하기 힘들다.
   ② 청각 장애인은 일상에서 다양한 불편함을 겪는다.
   ③ 청각 장애인과 대화할 때는 몸짓을 활용해야 한다.
   ④ 청각 장애인을 위한 주변의 이해와 배려가 필요하다.

듣기 2 타오와 시영의 대화입니다. 다음을 듣고 물음에 답하십시오.

1) 여자의 중심 생각으로 가장 알맞은 것을 고르십시오.
   ① 대중교통을 이용할 때는 가방을 앞으로 메야 한다.
   ② 대중교통 이용 시 빈자리에 가방을 두지 말아야 한다.
   ③ 대중교통을 이용할 때는 교통 약자석에 앉지 말아야 한다.
   ④ 대중교통 이용 에티켓을 광고나 안내를 통해 알려야 한다.

2) 들은 내용과 같은 것을 고르십시오.
   ① 남자는 대중교통 예절을 잘 알고 있다.
   ② 지하철 승객이 가방을 앞으로 메고 있다.
   ③ 여자는 지하철 빈자리에 가방을 놓아 뒀다.
   ④ 승객들이 지하철 이용 예절을 지키고 있다.

말하기 여러분은 대중교통을 이용하면서 불편한 적이 있었습니까? 불편했던 경험을 이야기해 보십시오.

> 지난번에 시외 버스를 탔는데 앞사람이 의자를 뒤로 많이 젖히는 바람에 불편했어요.

새 어휘

중요성 문자 감정 소통하다 선호하다 빈자리 젖히다

활동  읽고 말하기

읽기 1 신문 기사의 제목을 가장 잘 설명한 것을 고르십시오.

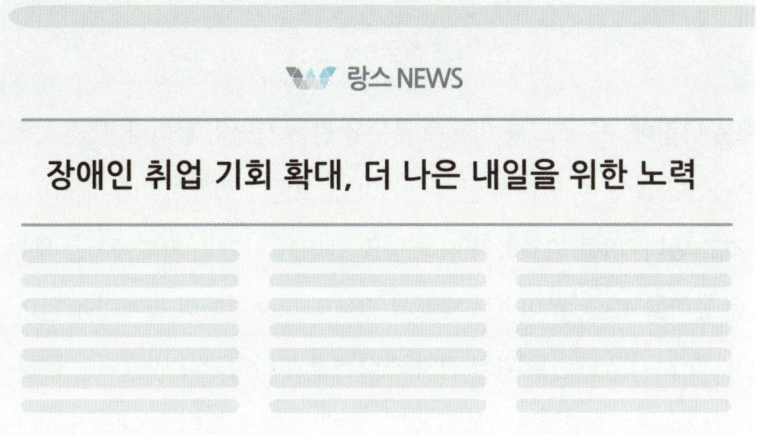

① 장애인을 위한 취업 기회가 감소하고 있다.
② 직업을 찾는 장애인의 수가 늘어나고 있다.
③ 직업 훈련을 받는 장애인의 수가 많아지고 있다.
④ 장애인 취업 기회를 늘리기 위한 노력이 필요하다.

새 어휘

확대

활동  읽고 말하기

읽기 2 배려형 키오스크에 관한 기사입니다. 다음을 읽고 물음에 답하십시오.

 랑스 뉴스

최근 인건비가 오르는 바람에 키오스크를 이용해 주문을 받는 상점이 늘어나고 있다. 키오스크는 메뉴 선택부터 결제까지 손님이 직접 할 수 있는 무인 주문기이다. 그런데 휠체어 이용자들이나 시각 장애인이 사용하는 데 불편을 겪고 있다. 이를 해결하기 위해 몇몇 햄버거 가게와 카페에서는 배려형 키오스크를 사용하고 있다. 이것은 높이를 120cm 이하로 낮춰서 휠체어 이용자들이 휠체어에 앉아 있더라도 쉽게 사용할 수 있도록 했다. 또 시각 장애인을 위한 점자 스티커를 부착하거나 인공지능 음성 기술을 이용해 주문부터 결제까지 모든 내용을 음성으로 안내받을 수 있게 했다. 예를 들어 "아메리카노 한 잔 주문할게요."라고 말하면 주문뿐만 아니라 결제까지 할 수 있다. 앞으로 이러한 배려형 키오스크와 같은 시스템이 더 확대되어 다양한 계층의 사람들이 좀 더 편리하게 서비스를 이용할 수 있기를 기대한다.

1) 글의 주제로 가장 알맞은 것을 고르십시오.
   ① 키오스크의 이용 증가로 장애인들이 불편을 겪고 있다.
   ② 키오스크는 매장의 인건비를 줄이는 데 크게 도움이 된다.
   ③ 키오스크의 사용법을 모르는 사람들을 위한 교육이 필요하다.
   ④ 키오스크의 형태가 다양한 사람들이 이용할 수 있게 변화하고 있다.

2) 윗글의 내용과 같은 것을 고르십시오.
   ① 배려형 키오스크는 휠체어 이용자들이 높이를 조절할 수 있다.
   ② 기존의 키오스크에는 시각 장애인을 위한 점자 스티커가 있다.
   ③ 배려형 키오스크는 휠체어 이용자들이 앉아서 주문할 수 있다.
   ④ 기존의 키오스크에서는 음성 안내 주문 서비스를 받을 수 있다.

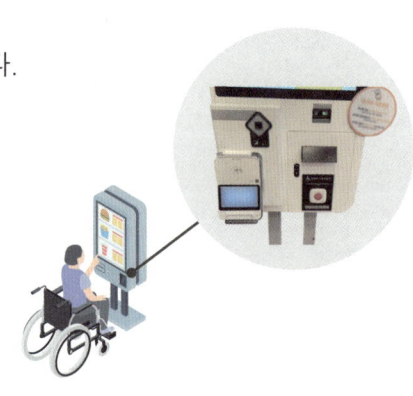

말하기 여러분 나라에는 사회적 약자를 위한 어떤 배려가 있습니까?

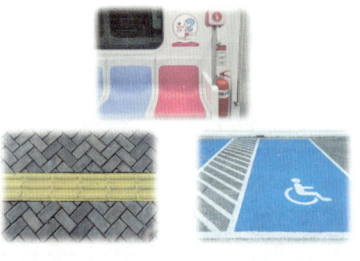

새 어휘

인건비   무인 주문기   점자 스티커   부착하다   인공지능 음성 기술   계층

활동  쓰고 발표하기

쓰기 다음 내용을 포함해서 "사회적 약자를 위한 시설"에 대해서 써 보십시오.

익힘책 29쪽 원고지 활용, '-다'체 사용

최근 여러 나라에서 사회적 약자를 위한 다양한 시설과 서비스가 확대되고 있습니다. 현재 자신의 나라에서 제공되는 사회적 약자를 위한 시설에는 어떤 것이 있는지 설명하고 앞으로 개선해야 할 점이 무엇인지 쓰십시오.

처음 | 사회적 약자를 위한 시설이나 서비스

▶ 휠체어 리프트
▶
▶

중간 | 사회적 약자에게 미치는 긍정적인 영향

▶ 몸이 불편한 사람들도 대중교통을 쉽게 이용할 수 있다.
▶
▶

끝 | 사회적 약자를 위한 시설의 개선점과 그 이유

▶ 휠체어 리프트가 자주 고장이 나는 것을 보았다. 수시로 점검하여 휠체어 리프트를 이용하는 데 불편이 없도록 개선해야 한다.
▶
▶

발표하기 위의 내용을 발표해 보십시오.

학습 목표

직업의 변화를 이해하고 말할 수 있다.

어휘 및 표현 1

· 직업의 변화 관련 어휘 및 표현
· 동사/형용사 -는/ㄴ다면   동사 -고 싶어요

말하기 1

일과 취미를 같이 할 수 있다면 한번 해 보고 싶네요.

문법

· -는/ㄴ다면, -다면
· 은/는커녕, -기는커녕

어휘 및 표현 2

· 직업의 변화 관련 표현
· 명사 (으)로 인해   동사 -았/었/했습니다

말하기 2

과학의 발전으로 인해 농업 기술이 많이 바뀌었네요.

문법

· (으)로 인해(=인하여)
· (이)든

활동

듣고 말하기	· 직업 인식에 관한 뉴스 듣고 이해하기 · 직업에 관한 인터뷰 듣고 이해하기 · 자기 나라 직업에 대해서 말하기
읽고 말하기	· 직업 소개하는 글 읽고 이해하기 · 직업의 변화에 관한 글 읽고 이해하기 · 과거에 인기 있던 직업에 대해서 말하기
쓰고 발표하기	· 과거와 현재에 인기 있는 직업 쓰고 발표하기

3과 직업의 변화

어휘 및 표현 1

직업의 변화 관련 어휘 및 표현

워라밸

N잡러

평생 직업

취미 생활로 돈을 벌다

직업을 여러 개 갖다

일과 생활을 구분하다

일과 취미를 함께하다

말하기 1
일과 취미를 같이 할 수 있다면 한번 해 보고 싶네요.

마르완: 에밀리 씨, 아까부터 뭘 그렇게 보고 있어요?

에밀리: 제 유튜브인데 한번 볼래요?

마르완: 아, 이거요? 새로운 전자제품을 소개하는 영상이죠? 저도 자주 보는데 정말 인기가 많더라고요.

에밀리: 제가 신제품이 나오면 먼저 써 보는 걸 좋아하거든요.

마르완: 아, 그랬구나. 에밀리 씨, 정말 대단해요. 회사에 다니면서 유튜브까지 힘들지는 않아요?

에밀리: 조금 힘들 때도 있지만 제가 좋아하는 일이라서 재미있어요. 마르완 씨도 한번 해 보세요.

마르완: 저는 에밀리 씨처럼 일을 여러 개 하는 'N잡러'가 아니에요. 일을 두 개는커녕 한 개 하기도 힘들거든요.

그렇지만 일과 취미를 같이 할 수 있다면 한번 해 보고 싶네요.

- 에밀리는 어떤 일을 하고 있습니까?
- 'N잡러'란 어떤 사람을 말합니까?

문법1 -는/ㄴ다면, -다면

▶ 어떤 사실이나 상황을 **가정**할 때 사용한다.

- ▶ 다른 직업을 갖는다면 유튜버를 하고 싶어요.
- ▶ 이번 일이 잘된다면 승진할 것 같아요.
- ▶ 이 영상이 재미있다면 주변에도 추천해 주세요.
- ▶ 혹시 제 말이 빠르다면 말씀해 주세요.
- ◆ 가: 켄타 씨가 부자라면 뭘 했을 거예요?
  나: 제가 돈이 많으면 스포츠카를 샀을 거예요.

연습1

<보기>와 같이 이야기해 보십시오.

> **보기**
> 가: 새로운 일을 시작한다면 어떤 일을 하고 싶어요?
> 나: 새로운 일을 시작한다면 만화 캐릭터 카페를 열고 싶어요.
>   (새로운 일을 시작하다, 만화 캐릭터 카페를 열다)

① 직업을 하나 더 갖다, 웹툰 작가를 하다

② 직업을 바꾸다, 동물을 돌보는 사육사가 되다

③ IT 전문가가 되다, 한국어 교육 앱을 만들다

④ 한국어가 유창하다, 한국어 통역하는 일을 하다

⑤ 내가 N잡러다, 퇴근 후에는 유튜브 크리에이터로 활동하다

새 어휘
승진하다   사육사   IT 전문가   크리에이터

연습2 <보기>와 같이 이야기해 보십시오.

보기

 일을 그만두려고 했다면서요?

네. 아마 **첸 씨가 안 말렸**다면 **일을 그만뒀을 거예요**.
(첸 씨가 안 말리다, 일을 그만두다)

①  요즘 이 유튜브 채널이 인기래요.

(영상을 만들 줄 알다, 나도 유튜브를 하다)

② 건강이 안 좋아져서 일을 쉬고 있다면서요?

네. (건강이 좋다, 일을 계속하다)

③  약속 시간에 1시간이나 늦으면 어떻게 해요?

미안해요. (차가 안 밀리다, 제시간에 도착하다)

④  (내가 더 꼼꼼하다, 실수하지 않다)

힘내요. 누구나 실수할 수 있어요.

⑤  (내가 축구 선수다, 국가대표를 하다)

악셀 씨는 잘했을 거예요.

새 어휘

꼼꼼하다

문법2 은/는커녕, -기는커녕

▶ **부정의 의미를 강조**하며 앞의 내용까지 부정하는 뜻을 나타낼 때 사용한다.

▶ 목이 아파서 밥은커녕 물도 제대로 못 삼키겠어요.
▶ 요즘은 영화는커녕 드라마도 잘 못 봐요.

◆ 가: 내일 배울 한국어 문법은 예습했어요?
　 나: 예습이요? 예습을 하기는커녕 숙제도 못 했어요.

◆ 가: 어제 본 영화는 어땠어요?
　 나: 재미있기는커녕 지루해서 하품만 났어요.

<보기>와 같이 이야기해 보십시오.

보기
가: 직장을 옮기려고 알아보고 있는 거예요?
나: 네. 지금 회사는 쉴 시간은커녕 잘 시간도 없어요.
　　　　　　　(쉴 시간, 잘 시간이 없다)

① 가: 학교 수업에다가 아르바이트까지 힘들지 않아요?
　 나: 힘들지만 아르바이트를 안 하면 (생활비, 용돈으로 쓸 돈이 없다)

② 가: 너도나도 요리사를 하고 싶어 한대요.
　 나: 하지만 쉽게 생각하고 도전했다가 (1년, 반년을 버티기 힘들다)

③ 가: 저는 영어 공부도 하면서 운동도 하고 있어요.
　 나: 유이 씨는 참 부지런하네요. 저라면 (공부, 간단한 운동을 못 하다)

④ 가: 요즘 마이클 씨랑 인사를 안 하네요.
　 나: 저랑 싸웠거든요. 그래서 (인사, 눈길을 주지 않다)

⑤ 가: 요즘은 뭐든지 휴대폰으로 결제하니까 편할 것 같아요.
　 나: 맞아요. 그래서 (현금, 카드를 안 가지고 다니다)

새 어휘 및 표현
　삼키다　　너도나도　　눈길을 주다

연습2 <보기>와 같이 이야기해 보십시오.

보기
 요즘 사람들은 일과 생활을 확실하게 구분하는 것 같아요.
그래서 퇴근 후에는 **업무 메시지를 읽기는커녕 확인도 안 한대요**.
(업무 메시지를 읽다, 확인도 안 하다)

① 이제 평생 직업은 있어도 평생 직장은 없대요.
그래서 (한 직장에 오래 있다, 회사를 여러 번 옮기다)

② 요즘 취미 생활로 돈을 버는 사람이 많대요.
그래요? 하지만 대부분은 (돈을 벌다, 취미에 돈을 더 쓰다)

③ 첸 씨는 동아리 모임에 항상 나가는 것 같아요.
그럼 뭐 해요. (동아리 활동을 하다, 수다만 떨다 가다)

④ 가을이니까 일본도 시원하겠죠?
유이 씨가 그러는데 올해는 가을인데도 (시원하다, 여전히 덥다)

⑤ 이 노래방은 다른 곳보다 최신곡이 많다면서요?
아니요. (최신곡이 많다, 몇 달 전 노래가 없다)

새 어휘

구분하다   최신곡

어휘 및 표현 2

직업의 변화 관련 표현

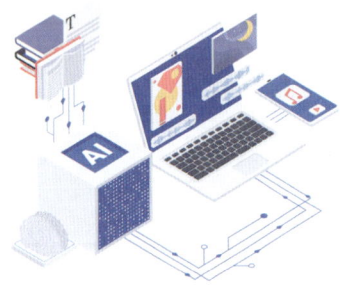
새로운 기술이 등장하다

새로운 직업이 생겨나다

생활 방식이 바뀌다

기계가 사람의 일을 대신하다

인구가 감소하다

말하기 2
과학의 발전으로 인해 농업 기술이 많이 바뀌었네요.

재영: 타오 씨, 이거 한국산 망고라는데 한번 드셔 보세요.

타오: 한국에 이렇게 달고 맛있는 망고가 있어요?

재영: 네. 이게 스마트 팜 기술로 기른 거래요.

타오: 스마트 팜이요? 그게 뭐예요?

재영: 비닐하우스의 AI 센서가 온도든 습도든 상태를 확인하고 알아서 조절해 주는 기술을 말해요.

타오: 그래요? 그런 기술도 다 있어요? 그럼, 기후에 상관없이 일정한 맛을 유지할 수 있겠네요?

재영: 네. 맞아요. 게다가 생산량도 일정하게 유지할 수 있대요.

타오: 과학의 발전으로 인해 농업 기술이 많이 바뀌었네요.

재영: 그렇죠? 그리고 스마트 팜으로 농사짓는 사람을 스마트 파머라고 해요.

- 스마트 팜이란 무엇입니까?
- 스마트 팜의 장점은 무엇입니까?

새 어휘

| 비닐하우스 | AI 센서 | 기후 | 생산량 | 일정하다 | 유지하다 | 농업 |
| 농사 | 농부 |

61

문법1 (으)로 인해(=인하여)

▶ 어떤 일에 대한 **원인**이나 **이유**를 나타낼 때 사용한다.

▶ 인구의 감소로 인해 일할 사람이 부족합니다.

▶ 기술의 발전으로 인하여 업무 환경이 바뀌었다.

◆ 가: 생활의 변화로 인해 새로운 직업이 생기기도 하네요.

　나: 맞아요. 전에 없었던 직업들이 많이 생겼어요.

연습1　<보기>와 같이 이야기해 보십시오.

보기

디지털 기술의 발전,
새로운 일자리가 생기다

→ 디지털 기술의 발전으로 인해 새로운 일자리가 생기고 있습니다.

① 자동화 기술, 기계가 사람의 일을 대신하다

② 새로운 직업의 등장, 직업의 종류가 다양해지다

③ 로봇의 일자리 대체, 일자리가 감소하다

④ 인터넷과 교통의 발달, 해외에서 일할 수 있는 기회가 늘다

⑤ 기술의 발전, 생활 방식이 바뀌다

새 어휘

디지털 기술　　자동화　　로봇　　일자리　　대체

 **연습2** <보기>와 같이 이야기해 보십시오.

> 보기
> 가: 최근 들어 환경 전문가가 중요해진 이유가 무엇입니까?
> 나: 심각한 환경 오염으로 인해 환경 전문가가 중요해지고 있습니다.
>   (심각한 환경 오염, 환경 전문가가 중요해지다)

Q 요즘 일자리가 어떻게 바뀌고 있습니까?

① (기술의 빠른 발전, 새로운 일자리가 계속 생기다)

Q 기존에 있던 직업들은 어떻게 달라지고 있습니까?

② (모든 직업에서 컴퓨터와 인터넷 활용 증가, 컴퓨터와 인터넷 사용이 필수가 되다)
예를 들어 선생님들은 온라인으로 수업을 하고 의사들은 환자를 진찰하기도 합니다.

Q 우리의 생활에 어떤 영향을 주고 있습니까?

A

③ (컴퓨터 사용의 증가, 컴퓨터를 잘 다루지 못하면 일자리를 구하기 어려워지다)

④ (이러한 사회 변화, 컴퓨터 사용 능력이 더 중요해지다). 그러므로 컴퓨터와 스마트폰 사용법을 꾸준히 익히고 관심 분야의 새로운 기술도 배워 두면 좋겠습니다.

문법2 (이)든

▶ 여러 대상들 중에서 **하나를 선택할 수 있음**을 나타낸다.
▶ 여러 대상들 중에서 **무엇을 선택해도 상관없음**을 나타낸다.

▶ 요즘 아이돌은 춤이든 노래든 다 잘해야 해요.
▶ 배우라고 해서 연극이든 영화든 다 잘하는 것은 아니에요.

◆ 가: 여기는 유명한 식당이라서 그런지 뭐든 맛있어 보이네요.
　나: 맞아요. 여기는 뭐든 시켜도 다 맛있다고 해요.

연습1

<보기>와 같이 이야기해 보십시오.

보기

취미, 특기

취미든 특기든 살려서 새로운 일을 시작할 거예요.

① (영어, 일본어) 퇴근하고 다른 외국어를 배우려고 해요.
② (해변, 계곡) 자연이 있는 곳으로 휴가를 떠나려고 해요.
③ (연말, 연초) 적당한 시기에 다른 직장으로 옮길 거예요.
④ (집의 위치, 방의 크기) 조건을 따져서 이사를 할 거예요.
⑤ (로봇, 인공지능) 기술이 발전하면 근무 환경도 바뀔 거예요.

새 어휘

따지다

연습2

<보기>와 같이 이야기해 보십시오.

보기

새로 시작한 사업을 잘 돼 가요?

아직은요. **홍보가 된다면 무엇**이든 **해 볼** 거예요.
(홍보가 되다, 무엇, 해 보다)

① 지금 다니는 회사에 만족해요?

글쎄요. (기회가 되다, 언제, 회사를 옮기다)

② 어디에 취직할 생각이에요?

(조건이 맞다, 어디, 들어가다)

③ 제가 만든 요리를 사람들이 좋아할까요?

당연하죠. (이 요리를 먹어 보다, 누구, 좋아하다)

④ 새 직장에서 제가 잘 할 수 있을까요?

(성실하게 하다, 무슨 일, 잘할 수 있다)

⑤ 제가 버킷리스트를 써 봤는데 어때요?

(꾸준히 도전하다, 어떤 것, 해내다)

새 어휘

버킷리스트

활동 🎧 듣고 말하기

듣기 1 N잡러에 관한 설문 조사 결과입니다. 다음을 듣고 물음에 답하십시오.

1) 가장 알맞은 그래프를 고르십시오.

①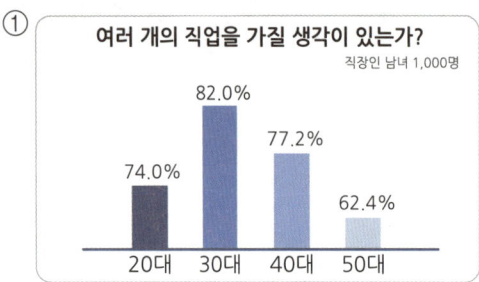
②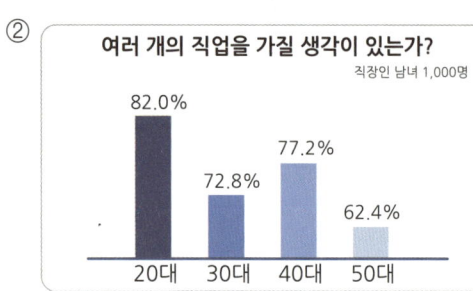
③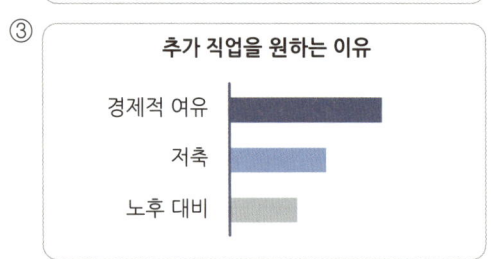
④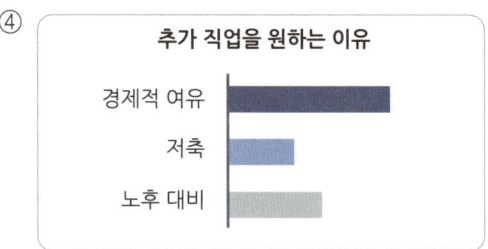

듣기 2 직업 소개 인터뷰입니다. 다음을 듣고 물음에 답하십시오.

1) 남자가 누구인지 고르십시오.

① 글씨를 디자인하는 사람
② 글자를 써서 전시하는 사람
③ 드라마의 제목을 짓는 사람
④ 광고에서 그림을 그리는 사람

2) 들은 내용과 같은 것을 고르십시오.

① 여자는 자기 작품을 전시한 적이 있다.
② 남자는 드라마 제목을 디자인하고 있다.
③ 남자는 지금도 서예가로 활동하고 있다.
④ 여자는 광고 디자이너로 일한 적이 있다.

말하기 여러분 나라에는 어떤 이색 직업이 있습니까? 그 직업을 알아보고 소개해 보십시오.

> 한국에는 쌀밥 소믈리에라는 직업이 있습니다.
> 밥 소믈리에가 된다면 쌀밥의 여러 가지 맛과 품질을 구분하고 평가하는 일을 해야 합니다.

새 어휘 및 표현

연령대   노후 대비   -에 따라   캘리그래퍼   광고 문구   타이틀   서예가

활동  읽고 말하기

읽기 1 직업을 소개하는 글입니다. 다음을 읽고 물음에 답하십시오.

반려동물 미용사

반려동물 미용사는 반려동물의 털과 발톱 관리, 목욕 등 다양한 미용 서비스를 제공하는 직업이다. 반려동물의 특성에 맞는 관리로 반려동물이 보다 쾌적하게 생활할 수 있다. 이 직업을 희망한다면 반려동물 미용과 관련된 학과에 들어가서 체계적인 교육과 훈련 통해 전문성을 키울 수 있다.

라이브커머스 크리에이터

라이브커머스 크리에이터는 개인 방송을 통해 물건을 판매하는 직업이다. 상품 선정이든 촬영이든 방송에 관련된 모든 과정을 직접 한다. 소비자와 실시간으로 소통할 수 있어서 소비자가 상품에 대해 궁금한 점을 바로 물어볼 수 있다. 라이브커머스 크리에이터는 실시간 소통이 가능한 영상 플랫폼을 통해 성장할 수도 있고 시청자 성향에 맞는 상품을 판매하여 수익을 올릴 수 있다.

1) 글의 내용과 같으면 O, 다르면 X에 표시하십시오.

① 반려동물 미용사는 직업 관련 전공이 없다. O X
② 반려동물 미용사는 반려동물을 돌보는 일을 한다. O X
③ 라이브커머스 크리에이터는 상품 판매만 담당한다. O X
④ 라이브커머스 크리에이터는 고객과 실시간 소통이 가능하다. O X

새 어휘

| 반려동물 | 발톱 | 특성 | 쾌적하다 | 체계적 | 전문성 | 선정 |
| 친근감 | 실시간 | 성향 | | | | |

활동  읽고 말하기

읽기 2 인터넷 기사입니다. 다음을 읽고 물음에 답하십시오.

> **랑스 뉴스**
>
> 　1950년대는 전화교환원이 인기 있던 직업 중 하나였다. 지금은 전화번호를 입력하면 자동으로 전화가 연결되지만 과거에는 전화를 연결해 주는 사람이 필요했다. 이 일을 하는 사람이 전화교환원이었다. 하지만 통신 기술의 발달로 인해 전화교환원은 사라졌다. 1960년대는 버스 안내원이 당시 희망 직업으로 꼽힐 정도로 인기가 많았다. 버스 안내원은 승객들에게 버스 요금을 받고 버스의 목적지를 알려주기도 했다. 하지만 이 역시 자동 요금 시스템과 안내 방송 도입으로 서서히 사라지게 되었다. 1970년대에는 한국의 수출 산업이 성장하면서 무역 회사에 많은 사람들이 관심을 가지게 되면서 무역 회사 직원이 인기 직업이 되기도 했다. 1980년대부터 반도체 산업이 한국의 주요 수출 품목이 되면서 지금까지도 반도체 엔지니어와 함께 IT 관련 업종이 인기 있는 직업이 되고 있다.

1) 무엇에 대한 글인지 고르십시오.
   ① 시대에 따라 인기 있는 직업
   ② 기술의 발전으로 사라진 직업
   ③ 산업 성장으로 새로 생긴 직업
   ④ 자동화 시스템으로 대체된 직업

2) 윗글의 내용과 다른 것을 고르십시오.
   ① 50년대에는 전화를 연결해 주는 직업이 있었다.
   ② 버스 안내원은 승객들에게 버스 승차 안내를 했다.
   ③ 70년대 무역회사 직원이 늘어나면서 수출이 증가했다.
   ④ 반도체 산업이 성장하면서 반도체 관련 직종이 인기였다.

말하기 여러분 나라에서는 과거에 어떤 직업이 인기가 있었습니까? 이야기해 보십시오.

 　한국에는 옛날에 전화교환원이 있었어요. 전화교환원은 전화 연결이나 전화번호 안내와 같은 일을 했어요. 하지만 통신 기술의 발달로 인해 사라지게 됐어요.

새 어휘   자동   목적지   서서히   반도체   품목

활동  쓰고 발표하기

쓰기 여러분 나라에서는 과거에 어떤 직업이 인기가 있었습니까? 왜 그 직업은 사라졌습니까? 현재 인기 있는 직업은 무엇입니까? 왜 그 직업은 인기가 있습니까? 과거와 현재의 직업에 대해서 쓰십시오.

익힘책 43쪽 원고지 활용, '-다'체 사용

과거에 인기가 있던 직업과 사라진 이유

▶ 과거에 인기가 있던 직업

▶ 사라진 이유

현재 인기 있는 직업과 그 이유

▶ 현재 인기 있는 직업

▶ 인기 있는 이유

발표하기 위의 내용을 발표해 보십시오.

문화1 한국의 지역 방언

여러분은 한국 드라마나 영화에서 사투리를 들어 본 적이 있습니까? 사투리는 지역 방언이라고도 합니다. 주로 그 지역에서 쓰고 종류도 다양합니다. 그럼, 여기서 잠깐, 지역 방언의 특징을 지역별로 한번 살펴볼까요?

강원도

강원도는 산이 많은 지역의 영향으로 직접적이고 간결한 말투가 특징입니다. '-이다'와 '아니다'로 끝나는 말에 '-래요'를 붙입니다.

무신 일이래요?

충청도

충청도는 땅이 평평하고 비교적 온화한 날씨의 영향으로 느리고 여유로운 말투가 특징입니다. 주로 말끝에 '-유, -슈, -겨'를 붙입니다.

밥 먹었슈?

경상도

경상도는 산이 많고 바다가 길게 이어진 지역의 영향으로 강한 억양과 직설적인 표현이 특징입니다. 일부 동사에 '-데이, -다 아이가, -나, -노' 등을 붙입니다.

머라카노.

전라도

전라도는 자연을 활용하는 농업과 어업의 발달로 부드럽고 여유 있는 말투가 특징입니다. 말끝에 '-잉, -부러, -당께' 등을 붙입니다.

우째쓰까잉.

제주도

제주도는 섬 지역으로 바깥의 영향을 받지 않은 방언이 특징입니다. '무사?(왜?), 밥 먹언?(밥 먹었어?), 혼저옵서예(어서 오세요)'처럼 제주도만의 독특한 방언이 있습니다.

뭐 하멘?

이렇게 사투리는 지역마다 다양하게 나타납니다. 그럼, 사투리가 사용된 대화를 보고 의미를 알아볼까요?

경상도

어, 현수 아이가. 어데 가노?
어, 현수 아니야? 어디 가?

어무이랑 밥 무러 간다. 니는 밥 뭇나?
어머니랑 밥 먹으러 가고 있어. 너는 밥 먹었어?

응, 무긋다. 밥 잘 묵고 담에 함 보제이.
응, 먹었지. 밥 잘 먹고 다음에 한번 보자.

그래. 잘 가래이.
그래. 잘 가.

제주도

요새 어떵 살암디?
요새 어떻게 살고 있어?

잘 지내주. 너는 어떵 살암디?
잘 지내고 있어. 너는 어떻게 살고 있어?

나도 잘 지내주. 요새 날씨도 추운데 감기 조심허염수과.
나도 잘 지내고 있어. 요새 날씨도 추운데 감기 조심해.

너도 감기 조심허고. 건강하게 잘 지내염수과.
너도 감기 조심하고. 건강하게 잘 지내.

▶ 여러분이 들어 본 지역 사투리 중에 기억에 남는 사투리가 있습니까?

학습 목표

신조어와 비유 표현을 이해하고 사용할 수 있다.

어휘 및 표현 1

· 신조어 관련 표현
· 동사-고 보니 동사/형용사-았/었/했어요

말하기 1

그런 의미가 있는 줄 몰랐어요.

문법

· -고 보다
· -는/(으)ㄴ/(으)ㄹ 줄

어휘 및 표현 2

· 비유 관련 표현
· 동사-듯이 동사/형용사-아/어/해요

말하기 2

회사에서 살다시피 했어요.

문법

· -다시피
· -듯이

활동

듣고 말하기	· 신조어 사용에 관한 설문 조사 결과 듣고 이해하기 · 신조어 사용에 관한 대담 듣고 이해하기 · 알고 있는 신조어에 대해서 말하기
읽고 말하기	· 신문 기사 제목 읽고 중심 내용 추론하기 · 비유에 관한 글 읽고 이해하기 · 나라별 비유 표현에 대해서 말하기
쓰고 발표하기	· 바람직한 신조어 사용에 관한 글 쓰고 발표하기

4과 언어의 변화

어휘 및 표현 1

신조어 관련 표현

재미를 더하다

의미가 담겨 있다

상황과 맥락에 맞추다

다른 세대와 소통하다

새로운 문화를 반영하다

시대의 변화와 함께하다

말하기 1
그런 의미가 있는 줄 몰랐어요.

환: 오늘 카페에 갔는데 '카공족'이 많아서 앉을 데가 없었어요.

수아: 그렇죠? 요즘 카페에서 공부하는 학생들이 많은 것 같아요.

환: 맞아요. 날씨가 덥고 학교까지 가는 건 힘드니 시원한 카페에서 공부하는 거겠죠.

수아: 근데 환 씨는 '카공족'이라는 말을 알고 있네요. 그거 요즘 새로 만들어진 단어인데….

환: 그럼요. 요즘은 신조어를 모르면 대화를 이해할 수 없어서 한국 친구들과 이야기할 때마다 적어 두고 외웠어요. 수업 시간에 공부하는 단어보다 재미있는 것 같아요.

수아: 그렇기는 해요. 하지만 너무 자주 사용하거나 어른들께는 사용하면 안 돼요.

환: 당연하죠. 저도 그런 건 알아요. 그런데 수아 씨, 질문이 있는데요.

한국 사람들은 강아지를 왜 '댕댕이'라고 해요?

수아: 아, 그건 강아지들이 '멍멍'하고 짖으니까 강아지를 부를 때 멍멍이라고 했거든요.

그래서 글자 모양이 비슷한 '댕댕이'라고 바꿔 이야기하는 거예요.

환: 그렇구나. 그런 의미가 있는 줄 몰랐어요.

- 신조어를 사용하는 이유는 무엇입니까?
- 어떤 경우에는 신조어를 사용하면 안 됩니까?

새 어휘

카공족　　　신조어

문법1 -고 보다

▸ 앞말의 행동을 하고 난 후 뒤의 내용을 받아들이거나 **새로 알게 될 때** 사용한다.

▸ 입맛에 안 맞다고 해도 먹고 보면 생각이 바뀔 거예요.
▸ 앞으로 1년 더 한국어를 배우고 보면 한국에 대해 더 많이 알게 될 거예요.
▸ 제가 아이를 낳고 보니 부모님의 마음을 잘 이해하게 되었어요.
▸ 학교에 도착하고 보니 휴강이었어요.

◆ 가: 얼굴이 왜 그래요?
　 나: 콜라 같아서 마셨는데 마시고 보니 간장이네요.

연습1 <보기>와 같이 이야기해 보십시오.

> 보기
> 가: 요즘 중고등학생들이 하는 말을 이해하기가 힘들어요.
> 나: 어떤 상황에서 하는 말인지 생각하고 보면 조금은 이해할 수 있더라고요.
> 　　(어떤 상황에서 하는 말인지 생각하다, 조금은 이해할 수 있다)

① 가: 신조어 사용이 익숙하지 않아요.
　 나: 그래요? (알다, 별것이 아니다)

② 가: 이 노래는 멜로디도 좋지만 가사도 정말 좋아요.
　 나: 맞아요. (듣다, 내 이야기인 것 같다)

③ 가: 일이 힘들 것 같은데 제가 잘 할 수 있을까요?
　 나: 그럼요. (일단 하다, 어렵지 않다)

④ 가: 안 쓰던 물건을 버리면 꼭 필요해지는 것 같아요.
　 나: 네. (필요 없을 것 같아서 버리다, 찾게 되다)

⑤ 가: 요즘 너무 힘들어요.
　 나: 조금만 더 힘내요. (시간이 지나다, 다 추억이 되다)

새 어휘
별것　　멜로디　　가사

연습2 <보기>와 같이 이야기해 보십시오.

보기

 한국어를 공부하면서 실수한 적 없으세요?

없기는요? **친구의 할아버지께 인사하**고 보니 **반말이었어요**.
(친구의 할아버지께 인사하다, 반말이었다)

① 그거 아까 받은 택배죠? 왜 다시 상자에 넣어요?

(포장을 풀다, 깨져있어서 반품하려고 하다)

② 소개팅으로 만난 사람은 어땠어요?

(이야기하다, 같은 고향 사람이었다)

③  시험이 끝나고 왜 다시 교실로 들어갔어요?

(답안지를 내다, 이름을 안 썼다)

④ 오마르 씨, 오늘 옷이 좀 이상한 것 같아요.

(급하게 옷을 입다, 거꾸로 입었다)

⑤ 이렇게 봉사를 많이 하게 된 계기가 있으세요?

(내가 어려울 때 많은 도움을 받다, 다른 사람을 돕고 싶었다)

새 어휘

반품   답안지   거꾸로   계기

문법2 -는/(으)ㄴ/(으)ㄹ 줄

▸ 어떤 사실이나 방법을 **알거나 모를 때** 사용한다.

▸ 환 씨가 장학금을 받**는 줄** 몰랐어요.
▸ 밤에 눈이 온 **줄** 몰랐어요.
▸ 제주도에 바람이 이렇게 많이 불 **줄** 몰랐어요.
▸ 오늘 약속이 있**는 줄** 몰랐어요.
▸ 한국 사람들은 모두 연예인 같**은 줄** 알았어요.
▸ 방학이 이번 주부터 시작**인 줄** 알았어요.

◆ 가: 유학 생활이 힘들지 않았어요?
　나: 아니요. 저를 도와주는 친구들이 많아서 힘든 **줄**도 몰랐어요.

 연습1　<보기>와 같이 이야기해 보십시오.

> 보기
> 가: 환 씨가 다음 달에 결혼을 한대요.
> 나: 네? 저는 **환 씨가 이번 주에 결혼하**는 줄 알았어요.
> 　　　　(환 씨가 이번 주에 결혼하다)

① 가: 저기 시영 씨 좀 보세요. 책상에 엎드려서 자고 있네요.
　나: 그래요? 저는 시영 씨가 (책을 읽다)

② 가: 유이 씨, 오늘 도서관 쉬는 날인데 몰랐어요?
　나: 정말요? 저는 (도서관 문을 열다)

③ 가: 여러분, 어제 선생님이 하라고 한 숙제를 주세요.
　나: 선생님, 죄송해요. (숙제를 가져오다)

④ 가: 잔느 씨, 옷이 얇은데 안 추워요?
　나: 너무 추워요. (오늘 날씨가 이렇게 춥다)

⑤ 가: 오마르 씨가 노래를 참 잘하네요.
　나: 네. (가수이다)

새 어휘
엎드리다

연습2 <보기>와 같이 이야기해 보십시오.

보기

그 단어는 이 상황에 안 맞는 것 같아요.

그래요? 여기 사용하면 안 되는 줄 몰랐어요.
(여기 사용하면 안 되다)

① 저는 매일 불고기를 먹어도 맛있어요.

네? (불고기를 그렇게 좋아하다)

② 밖에 빗방울이 떨어지는 것 같은데 우산 가져왔어요?

아니요. (오늘 비가 오다)

③ 첸 씨, 선생님이 아까부터 첸 씨를 찾으시던데요.

그래요? (선생님이 나를 찾다)

④ 여기가 해운대예요. 사람들이 많지요?

네. (해운대에 이렇게 사람이 많다)

⑤ 제 누나가 안고 있는 이 아이가 막냇동생이에요.

네? (동생이 이렇게 어리다)

새 어휘

빗방울   막냇동생

어휘 및 표현 2

비유 관련 표현

물을 쓰듯이

가뭄에 콩 나듯이

별이 쏟아질 듯이

시간이 멈춘 듯이

파도가 밀려오듯이

물고기가 물을 만난 듯이

말하기 2
회사에서 살다시피 했어요.

시영: 오늘 날씨가 정말 좋네요. 하늘도 투명한 유리창을 보는 듯이 깨끗해요.

유이: 맞아요. 햇살도 좋고 바람도 시원해요. 산책을 하기에 이보다 더 좋은 날씨는 없을 것 같아요.

시영: 네. 오늘처럼 평화로운 날은 마치 시간이 멈춘 듯이 느껴져요. 모든 게 완벽한 순간이에요.

유이: 그런데 시영 씨, 그동안 왜 그렇게 바빴어요? 연락해도 늘 바쁘다고만 했잖아요.

시영: 아, 유이 씨도 알다시피 제가 회사에서 맡은 일이 신제품 개발이잖아요. 이번에 새로운 제품을 개발하느라 회사에서 살다시피 했어요.

유이: 네? 그럼, 며칠 동안 계속 회사에서 살았어요?

시영: 하하하, 그 정도는 아니고 회사에서 일을 하며 지내는 시간이 많았다는 뜻이에요.

유이: 아, 그렇구나. 이렇게 시영 씨를 만날 수 있어서 참 좋네요.

- 하늘이 맑은 정도를 어떻게 표현했습니까?
- 회사에서 아주 바쁘게 일을 할 때 어떻게 표현했습니까?

새 어휘

투명하다　유리창　햇살　평화롭다　마치　개발

문법1 -다시피

- 듣는 사람이 **이미 알고 있는 내용임을 말할 때** 사용한다.
- **앞의 내용과 거의 같음**을 나타낼 때 사용한다.

- 이미 알고 있다시피 환경 보호에 대한 중요성이 커졌습니다.
- 보다시피 이곳은 캠핑을 위한 모든 시설이 갖추어져 있습니다.
- 제가 말씀드렸다시피 이 문제를 해결하기 위한 대책이 필요합니다.
- 요즘 밥 먹을 시간도 없이 굶다시피 합니다.
- 야구장 응원 소리가 하늘을 찌르다시피 엄청났습니다.

◆ 가: 혹시 유이 씨를 못 보셨어요?
　나: 조금 전에 거의 뛰다시피 급하게 나가던데요.

연습1
<보기>와 같이 이야기해 보십시오.

보기

알다

알다시피 최근 새로 생겨나는 단어가 증가하고 있습니다.

① (방송에서 자주 듣다) 각종 자연재해에 대비하는 연습이 필요합니다.

② (널리 알려져 있다) K-팝 때문에 한국어를 공부하는 사람이 늘었습니다.

③ (이 그래프를 보시다) 최근 경제 상황이 좋아지고 있는 것으로 보입니다.

④ (지난 주에 말씀드렸다) 오늘부터 기숙사 공사가 시작됩니다.

⑤ (앞에서 이야기했다) 대화 상대에 따라 적절한 단어를 선택해야 합니다.

새 어휘 및 표현

대책　　하늘을 찌르다　　엄청나다　　각종　　대비하다　　널리

연습2 <보기>와 같이 이야기해 보십시오.

보기

 요즘 도서관 공사 기간이라 카페에서 공부하고 있어요?

네. 그래서 **카페에서 살**다시피 해요.
(카페에서 살다)

①  컴퓨터 게임을 많이 해요?

네. 평일에는 안 하는 대신 주말에는 (밤을 새우다)

②  오마르 씨는 아이스크림을 정말 좋아하네요.

네. 저는 아이스크림을 매일 (먹다)

③  어떻게 그 힘든 일을 끝까지 하셨어요?

너무 힘들어서 (울다) 하면서 겨우 끝냈어요.

④ 오늘 지각 안 했어요?

다행히 안 했어요. 거의 (날다) 해서 출근했어요.

⑤ 어제 병원은 잘 다녀왔어요? 같이 못 가서 미안해요.

미안하기는요. 병원까지 거의 (기다) 갔다 왔어요

새 어휘

기다

문법2 -듯이

▶ 앞의 내용과 뒤의 내용이 **거의 같음**을 나타낼 때 사용한다.

▶ 그 학생은 지각을 밥 먹**듯이** 자주 한다.
▶ 비가 올 **듯이** 하늘이 흐리다.
▶ 마치 자기가 직접 본 **듯이** 소문을 내고 다닌다.
▶ 사람마다 얼굴이 다르**듯이** 나라마다 풍습도 다르다.
▶ 그는 부자**인 듯이** 돈을 펑펑 쓰고 다닌다.

◆ 가: 도시보다 시골에서는 별이 잘 보이는 것 같아요.
　 나: 맞아요. 마치 별이 쏟아질 **듯이** 많이 보여요.

연습1

<보기>와 같이 이야기해 보십시오.

> 보기
> 가: 타오 씨, 우유를 정말 좋아하나 봐요.
> 나: 키가 크고 싶어서 우유를 **물 마시**듯이 마셔요.
> 　　　　　　　　　　　(물 마시다)

① 가: 타오 씨는 일을 정말 잘하네요.
　 나: 네. 모든 일을 (떡 먹다) 쉽게 하네요.

② 가: 저 건물 좀 보세요. 건물 모양이 독특하네요.
　 나: 그렇죠? 곧 (쓰러지다) 기울어져 있네요.

③ 가: 이번 올림픽에서 좋은 성적을 거두셨는데 요즘 어떻게 지내세요?
　 나: 네. 방송 출연도 하면서 (꿈을 꾸다) 행복한 시간을 보내고 있어요.

④ 가: 저 아이 웃는 모습이 정말 귀여워요.
　 나: 웃을 때도 귀엽지만 (졸리다) 눈을 비빌 때가 제일 귀여운 것 같아요.

⑤ 가: 오마르 씨에게 바뀐 약속 장소를 말해 줬지요?
　 나: 네. 말했는데 (처음 듣다) 고개를 갸웃거렸어요.

새 어휘 및 표현

| 펑펑 | 독특하다 | 기울다 | 거두다 | 출연하다 | 눈을 비비다 | 고개를 갸웃거리다 |

연습2 <보기>와 같이 이야기해 보십시오.

보기

 운동을 했더니 땀이 비 오듯이 나요.
(비 오다)

여기 에어컨 가까이로 오세요.

①  제 동생은 돈을 (물 쓰다) 쓰면서 항상 돈이 없다고 말해요.

그래서 제 동생도 저한테 돈을 자주 빌려요.

② 요즘 새 프로젝트 때문에 많이 바쁘시죠?

네. 그래서 야근을 (밥 먹다) 하고 있어요.

③  엄마, 제 방 청소 다 했어요.

웬일이야? 네가 청소하는 일은 (가뭄에 콩 나다) 드문 일인데.

④  백화점 연말 세일에 사람들이 그렇게 많았다면서요?

백화점 문이 열리자마자 사람들이 (파도가 밀려오다) 한꺼번에 몰려들었어요.

⑤ 와, 역시 시골에 오니 별이 잘 보여요.

도시에 살 때는 몰랐는데 (별이 쏟아지다) 많네요.

새 어휘

한산하다　　　한꺼번　　　몰려들다

활동 🎧 듣고 말하기

듣기 1 신조어에 관한 뉴스입니다. 다음을 듣고 물음에 답하십시오.

1) 가장 알맞은 그래프를 고르십시오.

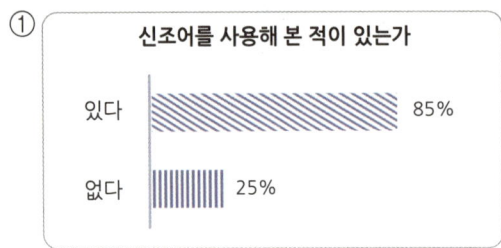
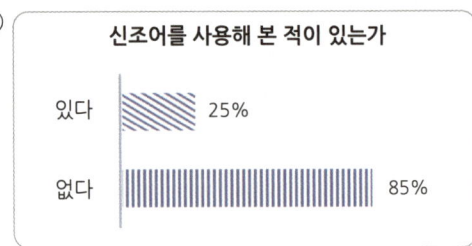
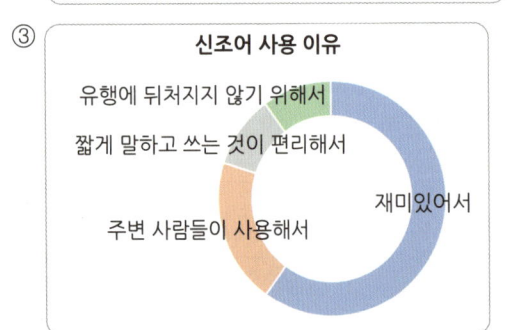
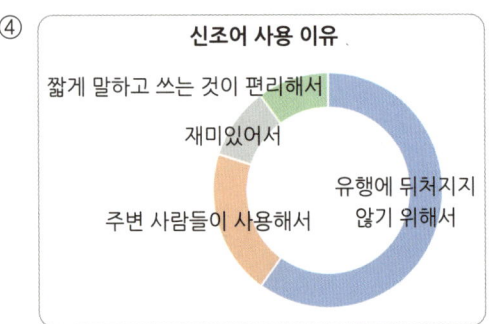

듣기 2 신조어 사용에 관한 인터뷰입니다. 다음을 듣고 물음에 답하십시오.

1) 이 대화 전의 내용으로 가장 알맞은 것을 고르십시오.
   ① 신조어 사용 금지 필요성
   ② 신조어 사용의 긍정적 효과
   ③ 신조어 사용에 따른 문제 해결 방안
   ④ 신조어 사용이 확산하는 사회적 현상

2) 들은 내용과 같은 것을 고르십시오.
   ① 신조어는 과학적이고 체계적으로 만들어진다.
   ② 신조어는 세대 간의 소통 문제를 만들 수 있다.
   ③ 신조어 사용으로 언어 학습 시간이 줄어들 수 있다.
   ④ 신조어 사용은 언어 사용에 부정적인 영향을 미치지 않는다.

말하기 여러분 나라에도 신조어가 있습니까? 친구들과 <보기>와 같이 말해 보십시오.

> 보기
> 한국에서는 '댕댕이'라는 말이 새로 생겼는데 강아지라는 뜻이에요.

새 어휘   연령   대다수   뒤처지다   소외감   파괴   증가하다

활동  읽고 말하기

읽기 1 신문 기사의 제목을 가장 잘 설명한 것을 고르십시오.

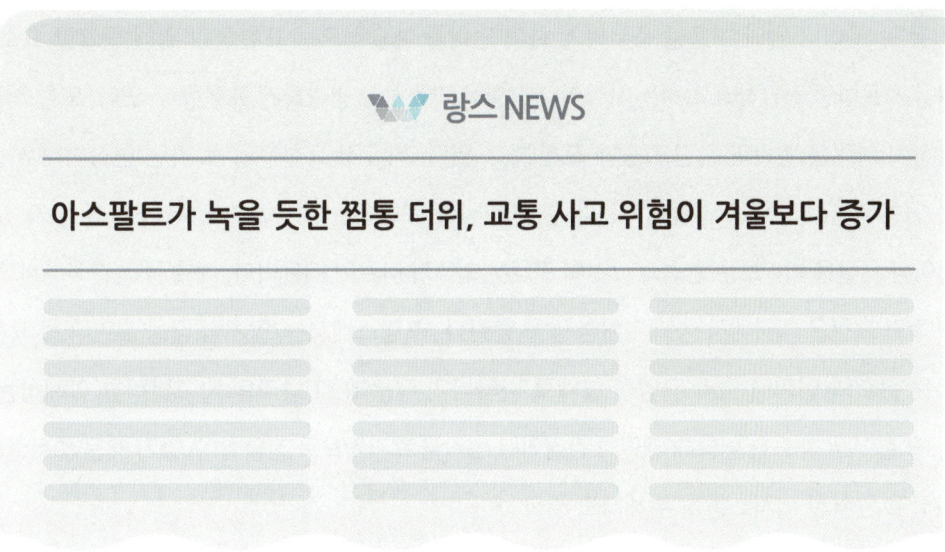

① 아스팔트가 녹아서 교통 사고가 늘고 있다.
② 더운 날씨로 인해 도로 상태가 안 좋아졌다.
③ 여름철에는 교통 사고 위험이 겨울철보다 더 크다.
④ 뜨거운 아스팔트 때문에 고장이 나는 자동차가 많다.

새 어휘

아스팔트   여름철   겨울철

활동 　 읽고 말하기

읽기 2　비유 표현에 관한 글입니다. 다음을 읽고 물음에 답하십시오.

'비유'는 글이나 말의 내용을 풍부하게 하며 언어를 예술적으로 표현하기 위해 중요한 요소이다. 비유적 표현을 사용하면 전달하려고 하는 사실이나 상황을 간결하고 명확하게 표현할 수 있다. 또한 직접적인 언어로 전달하기 어려운 인간의 감정도 쉽게 표현할 수 있다. 비유적 표현은 주로 자연 현상이나 사물의 모습에서 찾은 공통점을 바탕으로 만들어지는데 같은 현상을 표현하는 비유는 나라마다 다를 수가 있다. 나라마다 자연이나 사물을 바라보는 관점과 그것이 지니는 의미가 다르기 때문이다. 예를 들어 한국에서 '땀을 비 오듯이 흘린다'의 표현은 미국에서는 '돼지처럼 땀을 흘린다', 프랑스에서는 '말처럼 땀을 흘린다'로 표현된다. 이처럼 비유는 문화와 언어에 따라 다양한 형태로 나타나기 때문에 그 나라의 사고방식을 이해하는 데에 도움을 준다. 또한 비유적 표현을 통해 개인의 감정이나 생각을 효과적으로 전달할 수 있기 때문에 적절한 인간 관계를 유지하고 원활한 의사소통을 위해서도 필요하다.

1) 윗글을 쓴 목적으로 가장 알맞은 것을 고르십시오.
　① 비유 표현의 종류를 분석하려고
　② 비유 표현의 예들을 소개하려고
　③ 비유 표현의 의미를 해석하려고
　④ 비유 표현의 필요성을 강조하려고

2) 윗글의 내용과 같은 것을 고르십시오.
　① 나라마다 비유 표현이 다른 것은 사고방식과는 관계없다.
　② 글을 쓸 때 비유 표현을 사용하면 예술성이 떨어질 수 있다.
　③ 자연 현상이나 사물의 모습 속에서 비유 표현을 찾아낼 수 있다.
　④ 개인의 감정이나 생각은 직접적으로 표현하는 것이 더 효과적이다.

말하기　여러분 나라에는 어떤 것을 비유할 때 사용하는 표현이 있습니까? <보기>처럼 상황이나 사물을 비유하는 표현을 소개해 보십시오.

보기
한국에서는 땀을 많이 흘릴 때 '땀을 비 오듯이 흘리다'라고 말합니다. 그 이유는~

새 어휘
풍부하다　예술적　간결하다　명확하다　관점　사고방식　적절하다

활동 쓰고 발표하기

쓰기 여러분은 신조어 사용에 대해 어떻게 생각하십니까? 신조어 사용의 바람직한 방향에 대해서 써 보십시오.

익힘책 57쪽 원고지 활용, '-다'체 사용

| 처음 | 신조어 사용이 증가하는 이유 (사회적 현상 등) |

▶

▶

▶

| 중간 | 신조어 사용의 장점, 신조어 사용의 문제점 |

▶

▶

▶

| 끝 | 신조어 사용 시 주의점 및 올바른 태도 |

▶

▶

▶

발표하기 위의 내용을 발표해 보십시오.

학습 목표

식품과 영양 성분을 설명하고 건강한 음식에 대해서 이야기할 수 있다.

어휘 및 표현 1

· 영양소 관련 어휘 및 표현
· 동사 -고자 합니다

말하기 1

영양을 주제로 이야기를 나눠 보고자 합니다.

문법

· -고자
· -더군(요)

어휘 및 표현 2

· 음식 궁합 관련 표현
· 명사 치고(는) 동사/형용사 -는/(으)ㄴ 편이네요

말하기 2

고깃집에서 음식 궁합을 맞춰 주는 셈이네요.

문법

· 치고(는)
· -는/(으)ㄴ 셈이다

활동

듣고 말하기	· 음식 궁합에 관한 대화 듣고 이해하기 · 건강한 음식과 음식에 대한 개인 취향 듣고 이해하기 · 건강을 위해서 만들어 먹는 자기만의 특별식 말하기
읽고 말하기	· 커스터마이징 메뉴에 관한 글 읽고 이해하기 · 음식 궁합과 영양소에 관한 글 읽고 이해하기 · 자기 나라에서 즐겨 먹는 건강식에 대해서 말하기
쓰고 발표하기	· 나의 식습관에 관한 글 쓰고 발표하기

5과 식품과 영양

어휘 및 표현 1

영양소 관련 어휘 및 표현

- 영양이 만점이다
- 건강한 밥상을 차리다
- 불규칙적인 식사를 하다
- 영양의 균형을 맞추다
- 필수 영양소를 섭취하다
- 영양소가 골고루 들어있다
- 육류보다 채소를 섭취하다

말하기 1
영양을 주제로 이야기를 나눠 보고자 합니다.

사회자: 여러분, 안녕하세요?

오늘은 이민영 교수님을 모시고 영양을 주제로 이야기를 나눠 보고자 합니다.

안녕하세요, 교수님?

교수: 네. 안녕하세요. 이민영입니다.

사회자: 교수님, 건강한 밥상은 무엇일까요?

교수: 건강한 밥상이란 우리 몸에서 필요한 5대 영양소인 탄수화물, 단백질, 지방, 비타민, 무기질이

모두 들어있는 밥상을 말합니다.

사회자: 아, 그렇군요. 모든 영양소를 골고루 섭취하기가 쉽지 않을 텐데요. 사실 저도 식사 때마다

챙겨 먹기가 쉽지 않더군요. 그렇다면 우리가 공부나 일을 집중해서 하려면

어떤 영양소를 꼭 챙겨 먹어야 할까요?

교수: 그건 바로 탄수화물입니다. 탄수화물이 뇌의 유일한 에너지로 사용되기 때문이죠.

그래서 학생들에게는 탄수화물이 포함된 아침 식사를 꼭 하라고 권하고 싶습니다.

- 건강한 밥상은 어떤 밥상입니까?
- 탄수화물은 우리 몸에서 무엇으로 사용됩니까?

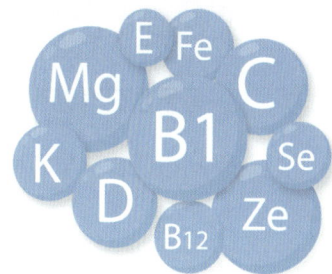

새 어휘
뇌 　 유일하다

문법1 -고자

▶ 말하는 사람의 **의도**나 **희망**, 어떤 행위의 **목적**을 나타낼 때 사용한다.

▶ 저는 대학에 입학해서 체계적인 건강 관리를 배울 기회를 얻고자 합니다.
▶ 건강을 위해 지방이 많이 든 음식은 피하고자 합니다.
▶ 오늘은 유학생을 위한 건강한 밥상에 대해서 발표하고자 합니다.
▶ 야채를 맛있게 먹는 방법을 찾고자 요리법을 개발하고 있습니다.
▶ 건강을 챙기고자 아침 운동을 시작했어요.
▶ 요즘 저는 육류보다 채식을 섭취하고자 노력하고 있습니다.

◆ 가: 낮에 햇볕을 쬐는 것을 추천드리고자 합니다.
　 나: 그럼, 점심 식사 후에 산책하는 게 좋겠네요.

 **<보기>와 같이 이야기해 보십시오.**

> 보기
>
> 5대 필수 영양소에 대해서 말씀드리다
>
> 오늘은 5대 필수 영양소에 대해서 말씀드리고자 합니다.

① 채소 색깔에 따른 영양소를 알아보다
② 비타민 A가 많이 들어있는 과일을 소개하다
③ 여름철에 나트륨을 섭취해야 하는 이유를 살펴보다
④ 동물성 단백질과 식물성 단백질의 차이점을 설명하다
⑤ 비타민 D가 부족하면 생기는 병에 대한 정보를 제공하다

새 어휘 및 표현

피하다　　햇볕을 쬐다　　비타민 A　　나트륨　　동물성　　식물성　　비타민 D

<보기>와 같이 이야기해 보십시오.

보기

나는 고기 대신 식물성 단백질을 섭취하다, 두부와 아몬드를 먹고 있다

→ 요즘 저는 고기 대신 식물성 단백질을 섭취하고자 두부와 아몬드를 먹고 있습니다.

① 나는 근육을 키우다, 꾸준히 운동하고 있다

② 나는 눈 건강을 지키다, 블루베리 주스를 챙겨 마시고 있다

③ 현대인들은 부족한 영양을 채우다, 영양제를 섭취하고 있다

④ 뼈를 튼튼하게 하다, 우리는 먼저 나트륨과 뼈의 관계를 알아보겠다

⑤ 식품과 영양 성분에 대해서 알아보다, 한 달 동안 설문 조사를 실시하겠다

새 어휘

식단   현대인   영양제   섭취하다

문법2 -더군(요)

▶ 과거에 직접 경험하여 알게 된 사실을 **전달**할 때 사용한다. **감탄**의 뜻으로 사용한다.

- 다이어트하느라고 하루 한 끼만 먹었더니 정말 힘들**더군요**.
- 검사를 받아 보니까 칼슘이 많이 부족하**더군요**.
- 음식을 골고루 먹으니까 정말 건강해지**더군요**.
- 미래에는 음식을 알약으로 개발한다고 하**더군요**.
- 달걀은 모든 영양소를 다 가지고 있다고 하**더군요**.

◆ 가: 제가 지금까지 영양소에 대해서 너무 몰랐**더군요**.
  나: 저도 "영양과 식품" 과목 덕분에 많이 알게 되었어요.

 연습1 <보기>와 같이 이야기해 보십시오.

> **보기**
> 가: 아침마다 사과를 먹어 보니까 어때요?
> 나: **섬유질이 많아서 그런지 변비를 예방해 주**더군요.
>   (섬유질이 많다, 변비를 예방해 주다)

① 가: 고칼슘 우유를 꾸준하게 마셔 보니까 어때요?
   나: (계속 마시다, 키가 좀 큰 것 같다)

② 가: 패스트푸드를 끊어 보니까 어때요?
   나: (지방 섭취를 줄이다, 몸이 가볍다)

③ 가: 영양제를 꾸준히 섭취해 보니까 어때요?
   나: (영양을 골고루 채워 주다, 괜찮은 것 같다)

④ 가: 운동 후에 ABC 주스를 마셔 보니까 어때요?
   나: (수분이랑 비타민이 보충되다, 덜 피곤하다)

⑤ 가: 식사할 때 밥보다 샐러드를 먼저 먹어 보니까 어때요?
   나: (식사 순서를 샐러드 다음에 밥으로 바꾸다, 과식을 안 하게 되다)

새 어휘

| 칼슘 | 섬유질 | 변비 | 고칼슘 | ABC 주스 (Apple, Beet, Carrot) | 보충되다 | 과식 |

연습2 <보기>와 같이 이야기해 보십시오.

보기

식사 30분 전에는 **물을 마시지 않는 것이 좋다고 하**더군요.
(물을 마시지 않는 것이 좋다고 하다)

그래요? 저도 그렇게 해봐야겠어요.

①
한국 사람들은 야채뿐만 아니라 (데친 나물도 많이 먹다)

맞아요. 야채를 다양한 방법으로 많이 먹는 것 같아요.

②
어제 한정식을 먹었는데 음식 종류가 너무 많아서 놀랐어요. 그리고 (영양의 균형도 잘 맞추다)

그렇지요. 영양도 생각해서 만든 것 같아요.

③
너무 바쁘니까 (불규칙한 식사를 할 수밖에 없다)

그렇지요? 저도 바쁘면 그렇게 되더라고요.

④
저는 갈증이 날 때 (토마토하고 참외가 참 좋다)

저는 껍질째 먹으니까 더 좋더라고요.

⑤
해산물은 칼로리가 낮은 반면에 (질 좋은 고단백 식품이다)

아, 그렇군요. 이제부터 해산물을 자주 먹어야겠어요.

새 어휘 및 표현

데치다   나물   갈증이 나다   껍질째   고단백

어휘 및 표현 2

음식 궁합 관련 표현

- 소화를 돕다/막다
- 에너지가 보충되다
- 맛과 영양이 배가 되다

- 영양소가 충분하다
- 최고의 영양식이다
- 음식 궁합이 맞다/맞지 않다

말하기 2
고깃집에서 음식 궁합을 맞춰 주는 셈이네요.

타오: 요즘 환 씨가 식습관을 바꾼다고 채소만 먹는다면서요?

시영: 그래요? 채소만 먹는 것보다 고기도 먹고 골고루 섭취해야 건강에 좋을 텐데요.

고기도 건강하게 먹을 수 있는 다양한 방법이 있잖아요.

타오: 음식 궁합을 맞춰서 먹는 거요? 영양소끼리 흡수가 잘되도록 도와주는 거지요?

시영: 맞아요. 돼지고기 먹는 사람치고 상추쌈을 싸서 마늘하고 양파를 같이 안 먹는 사람이 없잖아요.

마늘이랑 양파는 우리 몸에 돼지고기에 들어 있는 비타민의 흡수를 높여 준대요.

그리고 상추는 식이섬유하고 비타민이 풍부해서 소화에도 좋잖아요.

타오: 아, 그래서 쌈을 싸 먹는군요. 그럼, 고깃집에서 음식 궁합을 맞춰 주는 셈이네요.

시영: 그렇군요. 음식 궁합을 알고 먹으면 얼마든지 건강하고 맛있게 먹을 수 있어요.

- 음식 궁합이란 무엇을 뜻합니까?
- 상추에는 어떤 영양 성분이 풍부합니까?

새 어휘

식습관   흡수   식이섬유

문법1 | 치고(는)

▶ 앞의 말이 **뒤의 내용과 같거나** 앞의 말 중에서 **예외적인 내용**이 올 때 사용한다.

▶ 치즈나 우유 같은 유제품치고 건강에 안 좋은 제품은 없잖아요.

▶ 아이들치고 햄버거나 피자를 안 좋아하는 아이들이 없더라고요.

▶ 고기치고 맛없는 고기가 없잖아요.

▶ 싼 가격치고 이 정도의 맛과 양이면 괜찮은 것 같아요.

▶ 양이 적은 것치고는 한 끼 식사로 충분해요.

▶ 작은 치즈 한 장치고는 칼슘이 많이 들어있네요.

◆ 가: 아이들은 채소가 맛이 없나 봐요.

　나: 아이치고 채소를 좋아하는 아이는 못 본 것 같아요.

연습1　<보기>와 같이 이야기해 보십시오.

　보기

　가: 제로 슈거 음료도 다 단 것 같아요.

　나: 맞아요. **음료수치고 안 단 게 없더라고요.**
　　　　(음료수, 안 단 게 없다)

① 가: 저는 복날에는 인삼이 들어간 삼계탕이 최고의 영양식인 것 같아요.

　나: 맞아요. (한국 사람, 복날에 삼계탕을 안 먹는 사람은 별로 없다)

② 가: 저는 라면을 먹을 때는 김치하고 먹으면 제일 맛있는 것 같아요.

　나: (라면을 먹는 사람, 김치를 안 먹는 사람이 없다)

③ 가: 요즘 편의점에서 카페인 음료가 정말 잘 팔린대요.

　나: (요즘 학생, 카페인 음료를 안 마시는 학생이 거의 없다)

④ 가: 부산은 어떤 음식이 대표 음식이에요?

　나: (부산에 오는 외국인, 돼지국밥이랑 밀면을 안 찾는 사람이 없다)

⑤ 가: 저는 비 오는 날이면 막걸리하고 파전이 떠올라요.

　나: 그렇죠? (한국 사람, 막걸리 안주로 파전을 안 떠올리는 사람이 없다)

새 어휘

유제품　　제로 슈거　　카페인

연습2

<보기>와 같이 이야기해 보십시오.

보기

새로 나온 이 우유는 칼슘이 적게 들어있는 것 같아요.

고칼슘 우유치고는 칼슘이 적은 편이네요.
(고칼슘 우유, 칼슘이 적다)

①
단백질바 20g 하나에 단백질이 12g이나 들어 있네요.

그럼요. (단백질바 하나, 달걀 2개 정도의 단백질이 들어있다)

②
감기약이 너무 많아서 먹기가 불편해요.

일곱 알이나 돼요? (1회 복용량, 양이 많다)

③
저는 아침에 아무리 시간이 없어도 밥하고 디저트까지 다 먹어요.

와, (아침 한 끼, 잘 챙겨 먹다)

④
옥수수는 탄수화물이 80%나 된대요.

80%나요? (간편하게 먹는 간식, 칼로리가 높다)

⑤
저는 영양을 안 따지고 먹고 싶은 것만 먹어요.

(편식하는 것, 건강하다)

새 어휘

단백질바   복용량   편식

문법2 · -는/(으)ㄴ 셈이다

▶ 사실과 같지는 않지만 **결과가 비슷할 때** 사용한다.

- 일주일에 한두 번만 집밥을 먹으니까 집에서 거의 밥을 안 먹**는 셈이네요**.
- 아침에 샌드위치 하나 먹고 저녁까지 아무것도 안 먹었으니까 거의 굶**은 셈이네요**.
- 작년에 2,000원 하던 김밥이 지금 4,000원 하니까 1년 만에 두 배가 오른 **셈이에요**.
- 비빔밥과 한국식 치킨을 모르는 사람이 없으니까 이 음식들이 한국을 대표하는 음식**인 셈이에요**.
- 하나를 사면 하나를 더 주니까 하나가 공짜**인 셈이에요**.

◆ 가: 두 사람이 고기 4인분에다가 찌개까지 다 먹었어요?
　나: 네. 시영 씨가 3인분을 먹었으니까 시영 씨가 다 먹**은 셈이에요**.

연습1 <보기>와 같이 이야기해 보십시오.

보기
가: 짬뽕의 나트륨 함량이 거의 라면의 두 배래요.
나: 그럼, 짬뽕 한 그릇을 먹으면 <u>라면 두 개를 먹</u>는 셈이에요.
　　　　　　　　　　　　　(라면 두 개를 먹다)

① 가: 한국 사람들이 할랄 푸드를 많이 알아요?
　나: 잘 아는 사람이 전체의 17%라고 하니까 (열 명 중에 두세 명 정도가 아는 셈이다)

② 가: 한국인의 1인당 커피 소비량은 연간 약 400잔 이상이래요.
　나: (하루 평균 한 잔 정도 마시다)

③ 가: 아직도 TV에서 먹방과 쿡방 프로그램을 많이 하더라고요.
　나: 설문 결과 93%가 시청한 경험이 있다니까 (열 명 중 아홉 명은 시청하다)

④ 가: 하루 수분 섭취량은 체중에 따라 다르다면서요?
　나: 네. 몸무게가 60kg인 사람은 (1리터짜리 생수 두 병을 마셔야 하다)

⑤ 가: 작년 말 한국 인구는 5,200만 명인데 편의점 수는 5만 5,200개가 넘었대요.
　나: 인구 950명당 (편의점이 한 개인 셈이다)

새 어휘
집밥　함량　할랄 푸드　소비량　섭취량　체중

①, ③ 출처: 엠브레인 트렌드 모니터

연습2 <보기>와 같이 이야기해 보십시오.

보기

 아침에 먹는 사과는 질병 예방에 도움을 준대요.

맞아요. 아침에 사과를 먹으면 **보약을 먹**는 셈이에요.
(보약을 먹다)

①  채소의 색깔마다 들어 있는 비타민이 다르대요.

여러 가지 색깔의 채소를 골고루 먹으면 (종합 비타민을 먹다)

②  양배추와 토마토를 삶아서 사과와 함께 주스로 만들어 먹으면 좋대요.

야채를 삶아서 갈면 (흡수율을 높여주다)

③  마른 오징어는 콜레스테롤이 높은데 땅콩하고 먹으면 괜찮대요.

땅콩이 오징어의 콜레스테롤을 낮춰 주니까 (서로 보완해 주다)

④  과일과 유제품을 함께 먹으면 안 좋대요.

딸기 라테는 과일과 우유를 갈아 먹으니까 (건강에 안 좋다)

⑤  두부면으로 비빔국수를 만들었는데 너무 맛있었어요.

다양한 영양소에다가 칼로리까지 낮으니까 (일석이조다)

새 어휘

보약   갈다   흡수율   콜레스테롤   보완하다   일석이조

활동 🔊 듣고 말하기

듣기 1 음식 궁합에 관한 대화입니다. 다음을 듣고 물음에 답하십시오.

1) 들은 내용과 같은 것을 고르십시오.
   ① 두 사람은 오이 대신 물을 마실 생각이다.
   ② 여자는 등산갈 때 오이와 당근을 준비해 갈 것이다.
   ③ 두 사람은 등산하면서 지칠 때 초콜릿을 먹을 것이다.
   ④ 남자는 영양소를 섭취하기 위해서 당근을 선택할 것이다.

듣기 2 유이와 악셀의 대화입니다. 다음을 듣고 물음에 답하십시오.

1) 남자의 중심 생각으로 가장 알맞은 것을 고르십시오.
   ① 음식은 영양보다 각자 취향대로 먹는 게 좋다.
   ② 음식은 궁합이 좋은 재료끼리 넣어서 만들어야 한다.
   ③ 건강을 위해서라면 자기 취향이 아니어도 먹을 수 있다.
   ④ 라면에 두부와 다시마를 넣으면 건강하게 먹을 수 있다.

2) 들은 내용과 다른 것을 고르십시오.
   ① 다시마를 넣으면 라면의 짠맛이 더해진다.
   ② 두부와 다시마를 넣은 라면은 소화가 잘 된다.
   ③ 라면에 단백질이 부족해서 두부를 넣으면 좋다.
   ④ 두부는 라면 맛이 변하지 않으면서 영양가를 올려준다.

말하기 여러분은 건강을 위해 특별하게 만들어 먹는 음식이 있습니까? 그 음식에는 어떤 재료와 영양소가 있습니까? 이야기해 보십시오.

저는 토마토달걀 볶음밥을 자주 만들어 먹어요. 달걀은 완전식품으로 단백질, 비타민, 무기질이 풍부해서 매일 섭취를 하면 좋아요.

새 어휘

다시마

활동  읽고 말하기

읽기 1 음식 문화를 소개하는 글입니다. 다음을 읽고 물음에 답하십시오.

> 랑스 뉴스
>
> **커피도 내 마음대로, 커스터마이징이 뜬다!**
>
> 요즘은 소비자가 직접 재료를 골라 주문하는 '커스터마이징' 식음료가 인기를 끌고 있다. 샌드위치, 김치, 떡볶이, 커피 등 다양한 음식을 개인의 취향에 맞게 주문할 수 있으며 새로운 것에 관심이 많고 영양소 균형을 중요시하는 젊은 세대에게 특히 인기가 많다. 젊은 사람들치고 취향에 맞게 직접 만드는 것을 싫어하는 사람은 없을 정도로 이런 식음료가 인기를 얻고 있는 것이다. 예를 들어 커피의 경우 앱을 통해 직접 맛과 향을 고려하여 원두부터 시럽까지 선택해서 만들어 볼 수 있어서 시각적으로도 맛을 느낄 수 있다. 새로운 것에 대한 관심과 영양소 균형을 중요하게 생각하는 젊은 세대 덕분에 더 많은 메뉴가 만들어지는 셈이다. 이런 커스터마이징 식음료는 기존 식음료 시장에 새로운 변화를 가져올 것으로 기대된다.

1) 윗글의 내용과 다른 것을 고르십시오.

① 내 마음대로 메뉴는 영양소가 골고루 들어있지 않은 메뉴다.
② 젊은 사람들은 자기 입맛에 맞게 음식 재료 고르기를 좋아한다.
③ 요즘은 만들어 놓은 음식보다 손님이 재료와 맛을 선택하기도 한다.
④ 앱으로 맛뿐만 아니라 재료도 선택하고 새로운 맛으로 선택 주문할 수 있다.

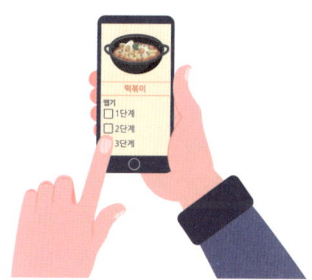

새 어휘

식음료   커스터마이징(customizing)   중요시하다

활동  읽고 말하기

읽기 2 음식과 영양 성분을 소개하는 글입니다. 다음을 읽고 물음에 답하십시오.

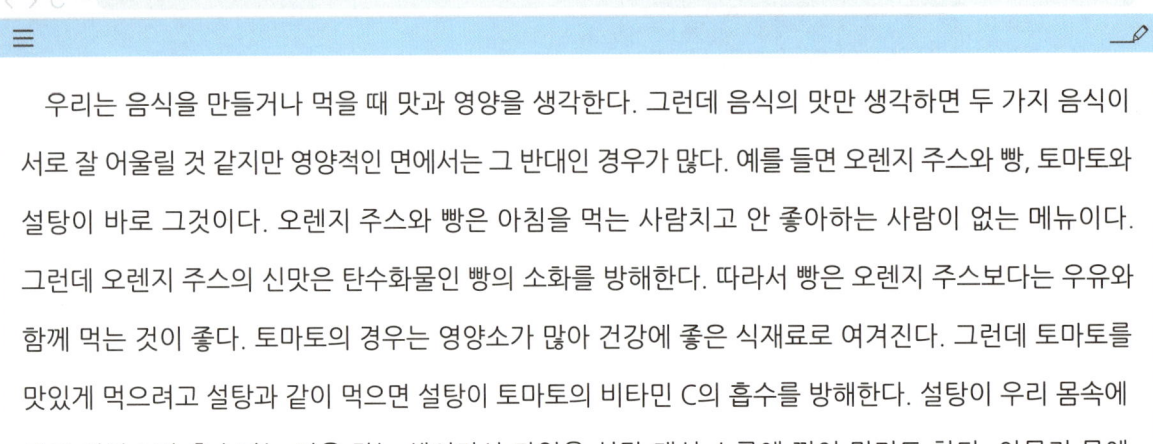

우리는 음식을 만들거나 먹을 때 맛과 영양을 생각한다. 그런데 음식의 맛만 생각하면 두 가지 음식이 서로 잘 어울릴 것 같지만 영양적인 면에서는 그 반대인 경우가 많다. 예를 들면 오렌지 주스와 빵, 토마토와 설탕이 바로 그것이다. 오렌지 주스와 빵은 아침을 먹는 사람치고 안 좋아하는 사람이 없는 메뉴이다. 그런데 오렌지 주스의 신맛은 탄수화물인 빵의 소화를 방해한다. 따라서 빵은 오렌지 주스보다는 우유와 함께 먹는 것이 좋다. 토마토의 경우는 영양소가 많아 건강에 좋은 식재료로 여겨진다. 그런데 토마토를 맛있게 먹으려고 설탕과 같이 먹으면 설탕이 토마토의 비타민 C의 흡수를 방해한다. 설탕이 우리 몸속에 좋은 영양소가 흡수되는 것을 막는 셈이라서 과일을 설탕 대신 소금에 찍어 먹기도 한다. 아무리 몸에 좋은 음식이더라도 같이 먹었을 때 서로 궁합이 맞는지를 따져 보고 먹는 건 어떨까?

1) 무엇에 대한 내용인지 맞는 것을 고르십시오.
   ① 음식의 맛과 영양
   ② 건강한 아침 메뉴
   ③ 음식 궁합과 영양소
   ④ 건강과 좋은 음식 재료

2) 윗글의 내용과 다른 것을 고르십시오.
   ① 소금은 토마토의 비타민 C 흡수를 돕는다.
   ② 영양이 좋다고 해서 맛도 다 좋은 것은 아니다.
   ③ 빵과 토마토 주스는 탄수화물의 소화를 돕는다.
   ④ 과일은 소금에 찍어 먹으면 영양소 흡수가 더 잘 된다.

말하기 여러분 나라에서 즐겨 먹는 건강식은 어떤 음식입니까? 그 음식을 언제 어떻게 먹는지 소개해 보십시오.

낫또는 일본의 대표적인 건강식 중 하나입니다.
낫또는 주로 아침에 가볍게 먹습니다.

새 어휘

조식   식재료   막다   열대 과일   낫또

활동　 쓰고 발표하기

쓰기　여러분의 식습관은 어떻습니까? 현재 나의 식습관과 바람직한 식습관에 대해서 써 보십시오.

익힘책 71쪽 원고지 활용, '-다'체 사용

| 처음 | 건강한 음식과 식습관의 관계 |

▶

▶

▶

| 중간 | 현재 나의 식습관 |

▶

▶

▶

| 끝 | 나의 건강을 위한 바른 식습관 |

▶

▶

▶

발표하기　위의 내용을 발표해 보십시오.

학습 목표

마음의 병에 대해 이해하고 현재 자신의 마음 상태에 대해서 말할 수 있다.

어휘 및 표현 1

- 마음 건강 관련 표현
- 동사 -든지 해 보세요

말하기 1

산책을 하든지 친구를 만나든지 해 보세요.

문법

- -고 해서
- -든지

어휘 및 표현 2

- 마음의 병 대처 관련 표현
- 동사/형용사 -는/(으)ㄴ지 모르겠어요

말하기 2

지금까지 왜 그렇게 안 했는지 모르겠어요.

문법

- -는/(으)ㄴ지 (의문)
- -는/(으)ㄴ 김에

활동

듣고 말하기	· 라디오 광고 듣고 이해하기 · 유학생 우울증에 관한 대화 듣고 이해하기 · 유학 생활 중 느끼는 불안감에 대해서 말하기
읽고 말하기	· 향수병에 관한 체크리스트 읽고 이해하기 · 우울증 관련 글 읽고 이해하기 · 향수병으로 힘들어하는 친구에게 조언하기
쓰고 발표하기	· 향수병에 대해서 쓰고 발표하기

6과 마음 건강

어휘 및 표현 1

마음 건강 관련 표현

우울함을 느끼다

불안감을 느끼다

외로움을 느끼다

- 식욕이 없다
- 악몽을 꾸다
- 자신감을 잃다
- 불면증이 있다
- 예민하게 행동하다/굴다

말하기 1
산책을 하든지 친구를 만나든지 해 보세요.

마르완: 야스민 씨, 주말에 날씨가 좋았는데 잘 보냈어요?

야스민: 낮 동안 계속 잠만 자서 날씨가 좋은 줄도 몰랐네요.

마르완: 많이 피곤했나 봐요. 그럼, 집에서 한 발짝도 안 나갔어요?

야스민: 네. 기분도 우울하고 해서 계속 집에만 있었어요.

마르완: 무슨 일이 있었어요?

야스민: 요즘 고향 생각도 나고 가족도 그리워서 마음이 좀 힘들어요.

마르완: 저도 그랬어요. 유학 생활이 길어지다 보니까 향수병이 생기더라고요.

야스민: 저도 그런 것 같아요. 요즘 식욕도 없고 불면증도 있어요.

마르완: 그럴 때는 혼자 힘들어하지 말고 심리 상담을 받아 보는 건 어때요? 병원에 가 보는 것도 좋고요.

야스민: 그래야겠어요.

마르완: 몸이 아플 때 병원에 가는 것처럼 마음이 아플 때도 치료를 받는 건 당연하잖아요.

그리고 집에만 있지 말고 산책을 하든지 친구를 만나든지 해 보세요.

야스민: 걱정해 줘서 고마워요.

- 야스민에게 어떤 문제가 있습니까?
- 마르완은 야스민에게 어떤 조언을 했습니까?

새 어휘

한 발짝　　향수병

문법1 -고 해서

▶ 여러 이유 중 **하나를 말할 때** 나타낸다.

- 점심도 많이 먹고 해서 배가 안 고파요.
- 매일 한국 친구와 이야기도 하고 해서 한국어 실력이 늘었어요.
- 날씨도 춥고 해서 따뜻한 음식이 당겨요.
- 집에만 있으니까 답답하고 해서 밖에 잠깐 나왔어요.
- 내일은 휴일이고 해서 낚시를 하러 가려고요.

◆ 가: 유이 씨, 아프다고 들었는데 몸은 괜찮아요?
　나: 네. 병원도 가고 푹 자고 해서 지금은 괜찮아졌어요.

<보기>와 같이 이야기해 보십시오.

보기
가: 야스민 씨, 왜 이렇게 연락이 안 돼요? 무슨 일 있어요?
나: 불면증도 있고 해서 자주 밤을 새워요.
　　(불면증이 있다, 밤을 새우다)

① 스트레스를 많이 받다, 자꾸 예민해지다

② 매일 악몽을 꾸다, 잠자기가 무섭다

③ 최근 식욕이 없다, 밥을 잘 안 먹게 되다

④ 감정 변화가 심하다, 항상 불안하다

⑤ 집에 들어가면 혼자다, 너무 외롭다

 **연습2**   <보기>와 같이 이야기해 보십시오.

보기

 환경도 낯설고 친구도 없고 해서 고향이 그리워요.
(환경이 낯설다, 친구가 없다)

향수병인 것 같네요.

①  요즘 (잠을 못 자다, 밥을 못 먹다) 기운이 없어요.

무슨 걱정이 있어요?

②  (일이 서툴다, 실수를 자주하다) 자신감이 없어요.

처음부터 잘하는 사람은 없으니까 힘내세요.

③  (유학이 처음이다, 재미있는 일이 많다) 유학 생활이 즐거워요.

잘 지내는 것 같아서 보기 좋네요.

④  악셀 씨는 (화를 잘 안 내다, 성격이 느긋하다) 같이 있으면 정말 편안해요.

맞아요. 그래서 사람들이 좋아하는 것 같아요.

⑤  다음 달은 (남편이 휴가다, 아이들이 방학이다) 가족 여행을 떠나요.

푹 쉬고 오세요.

새 어휘

느긋하다

문법2   -든지

▶ 여러 동작이나 상태들 중에 하나를 **선택**할 때 사용한다.

▶ 친구들과 같이 밥을 먹든지 해 보세요.
▶ 계획을 세우든지 해서 규칙적으로 생활하는 것이 중요해요.
▶ 비싼 노트북이면 성능이라도 좋든지 해야 하는데 성능도 별로예요.
▶ 9월 중순이면 좀 시원하든지 여전히 더워요.

◆ 가: 유이 씨, 밥을 먹든지 과제를 하든지 하나만 해요.
　 나: 미안해요. 과제를 빨리 끝내야 해서 정신이 없네요.

연습1 <보기>와 같이 이야기해 보십시오.

보기

가족이 그립다 /
가족과 영상 통화를 하다

가: 저는 **가족이 그리울 때 영상 통화를 해요**.
나: 그럼, 저도 **가족과 영상 통화를 하**든지 해 볼게요.

① 머리가 복잡하다 / 달리기를 하다
② 유학 생활이 지루하다 / 새로운 취미를 갖다
③ 이유없이 불안하다 / 심리 상담을 받다
④ 스트레스가 많다 / 친구와 수다를 떨다
⑤ 불면증이 있다 / 가벼운 운동을 하다

새 어휘

성능

연습2 <보기>와 같이 이야기해 보십시오.

보기

 심리 상담 센터에 가는 걸 누가 볼까 봐 걱정이에요.

누가 **보**든지 **말**든지 신경 쓰지 마세요.
(보다, 말다)

① 제가 상담 받는 것을 누가 알면 어떡해요?

괜찮아요. (다른 사람이 알다, 말다) 건강이 중요하죠.

②  마라톤 대회 처음 나가는데 완주할 수 있을까요?

(완주를 하다, 안 하다) 일단 해 보는 게 중요하잖아요.

③ 건강 관리는 어떻게 하고 있어요?

저는 (날씨가 좋다, 안 좋다) 5km씩 걷고 있어요.

④  엘레나 씨의 이상형은 키가 커야 돼요?

아니요. 저는 (키가 크다, 작다) 전혀 상관없어요.

⑤ 마이클 씨, 이 자료 제가 만든 게 맞아요.

저는 유이 씨를 믿어요. (남이 뭐라고 하다, 말다) 너무 마음에 담아 두지 마세요.

어휘 및 표현 2

마음의 병 대처 관련 표현

전문가에게 도움을 받다

적극적으로 치료를 받다

균형 잡힌 식사를 하다

건강한 수면 습관을 가지다

처방에 따라 약을 복용하다

주변 사람들과 함께 시간을 보내다

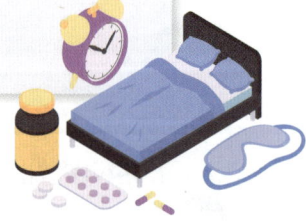

말하기 2
지금까지 왜 그렇게 안 했는지 모르겠어요.

마르완: 야스민 씨, 요즘 표정이 많이 좋아졌네요. 기분은 좀 나아졌어요?

야스민: 네. 처음에는 병원 가는 걸 망설였는데 막상 가 보니까 마음이 편안해지더라고요. 좀 더 일찍 가 볼걸 그랬어요.

마르완: 맞아요. 몸이 아프면 병원 가듯이 마음이 아프면 병원에 가는 게 당연하지요.

야스민: 고마워요. 지금은 의사 선생님 말씀대로 약도 먹고 운동도 하면서 규칙적인 생활 습관을 유지하려고 노력하고 있어요.

마르완: 정말 잘했어요. 적극적으로 치료를 받는 모습이 참 좋네요. 또 힘든 일이 있으면 주변 사람이든 저든 편안하게 이야기해요.

야스민: 네. 이제 그렇게 하려고요. 지금까지 왜 그렇게 안 했는지 모르겠어요.

마르완: 그럼, 우리 같이 어디든 놀러 갈까요?

야스민: 아, 정말 좋아요. 이왕 놀러 가는 김에 다른 친구들도 부르는 게 어때요?

마르완: 그게 좋겠네요. 그럼, 이번 주말에 유이 씨랑 악셀 씨도 불러서 같이 놀러 가요.

- 야스민은 요즘 어떻게 지내고 있습니까?
- 마르완은 야스민에게 무엇을 제안했습니까?

새 어휘

이왕

문법1　-는/(으)ㄴ지 (의문)

▶ 어떤 상황이나 사실에 **의문**을 나타낼 때 사용한다.

▶ 그 영화가 왜 좋은 평가를 받는지 모르겠어요.
▶ 식사 후에 사람들이 왜 카페에 들리는지 알 것 같아요.
▶ 남자 친구가 지난번 식당이 만족스러웠는지 또 가자고 해요.
▶ 여행을 가기 전에 그곳 날씨가 화창한지 알아보려고 해요.
▶ 모임 장소가 어디인지 듣지 못했는데 장소 좀 알려주세요.

◆ 가: 엘레나 씨, 어디가 안 좋아요?
　나: 네. 뭘 잘못 먹었는지 계속 배가 아파요.

연습1　<보기>와 같이 이야기해 보십시오.

> 보기
> 가: 요즘 왜 이렇게 눈물이 자주 나는지 모르겠어요. (눈물이 자주 나다)
> 나: 괜찮아요? 무슨 힘든 일 있어요?

① 가: 잔느가 왜 (계속 손톱을 물어뜯다)
　나: 불안해 할 때마다 그러더라고요.

② 가: 언제까지 (상담을 받다)
　나: 마음이 편안해졌으면 안 가도 돼요.

③ 가: 오늘 마이클 씨 봤어요? 기분이 안 좋아 보이던데요.
　나: 네. 그런데 왜 (기분이 안 좋다)

④ 가: 내일이 시험인데 유이는 여유로워 보이네요.
　나: 그러게요. 왜 저렇게 (유이가 느긋하다)

⑤ 가: 저 배우가 60대라고 하는데 사실이에요? 젊어 보여요.
　나: 그렇다고는 하는데 (진짜 60대이다)

새 어휘

화창하다　　물어뜯다

연습2 <보기>와 같이 이야기해 보십시오.

보기

 그동안 **스트레스가 많았**는지 머리가 자주 아팠어요.
(스트레스가 많다)

조금 쉬면 나아질 거예요.

①  유이 씨가 얼마 전까지 (우울증을 앓다) 몰랐어요.

말을 안 하면 주변 사람이 알기 힘들죠.

②  마이클이 (자신감이 없다) 한국어로 말을 잘 안 했어요.

그래요? 지금은 한국어로 말을 잘하던데요?

③ 학교 다닐 때는 (뭐가 그렇게 힘들다) 가족에게 자주 짜증을 냈어요.

맞아요. 지나고 보면 별거 아닌데 말이죠.

④  환 씨가 오늘 (많이 지치다) 집에 들어오자마자 침대에 쓰려졌어요.

오늘 회사에서 창고를 정리한다고 무거운 것을 많이 옮겼거든요.

⑤ 요즘 (번아웃 상태이다, 일이 손에 안 잡히다)

조금 일을 쉬는 게 어때요?

새 어휘

앓다 꽤 번아웃

문법2 -는/(으)ㄴ 김에

▶ 앞의 일을 하면서 그것을 **기회로 다른 일을 함**을 나타낸다.

▶ 마르완 씨, 컵 씻는 김에 제 것도 부탁해요.

▶ 저는 마트에 가는 김에 은행도 들렸다고 가려고 해요.

▶ 비행기 시간에 놓친 김에 하루 더 있다 가요.

▶ 시영 씨, 일어선 김에 물도 좀 가져다 주세요.

◆ 가: 첸 씨, 집에 놀러 온 김에 저녁 먹고 가도 돼요?
   나: 물론이죠. 음식 만드는 김에 2인분 하면 돼요.

연습1 <보기>와 같이 이야기해 보십시오.

> 보기
>
> 가: 건강 문제로 일을 쉰다고 들었어요.
> 나: 네. 이왕 일을 쉬는 김에 가족들과 시간을 보내려고요.
>   (이왕 일을 쉬다, 가족들과 시간을 보내다)

① 가: 꾸준히 병원을 다니더니 많이 좋아졌네요.
   나: 네. 그래서 (이번에 상담을 받다, 약을 줄여달라고 하다)

② 가: 이번 휴가는 고급 호텔을 예약했다고 들었어요.
   나: 맞아요. (고급 호텔에 묵다, 호텔 시설을 마음껏 즐기다)

③ 가: 요즘 할머니께서 많이 편찮으시다면서요?
   나: 네. 그래서 (할머니를 찾아뵙다, 병원에 모시고 가다)

④ 가: 주말에 고등학교 동창회가 있다고 했지요?
   나: 네. (오랜만에 동창들을 만나다, 모교에도 가 보다)

⑤ 가: 이 옷들은 다 뭐예요?
   나: 안 입는 옷이에요. (이왕 옷장을 정리하다, 싹 다 버리다)

새 어휘

마음껏   찾아뵙다   동창회   모교

 **연습2**

<보기>와 같이 이야기해 보십시오.

보기

 요즘 이유 없이 불안할 때가 많아요.

그럴 때는 명상이 좋대요. **말이 나온** 김에 **같이할까요**?
(말이 나오다, 같이하다)

① 마음 건강을 위해서 운동도 꾸준히 하려고 해요.

그래요. (하기로 마음먹다, 우리 같이 스포츠 센터에 등록하다)

②  친구들이랑 우정 여행 가기로 날짜까지 정했어요.

(일정을 못 박다, 숙박 예약까지 다 하다)

③  외출 준비까지 다 했는데 갑자기 약속이 취소됐어요.

어떡해요. (이왕 외출 준비하다, 어디든 가다)

④ 아, 휴대폰을 떨어뜨리는 바람에 화면이 다 깨졌어요.

(화면까지 깨지다, 아예 새 걸로 바꾸다)

⑤ 도자기 만들기가 어렵네요. 한순간에 모양이 망가졌어요.

(이왕 망치다, 오늘은 여기까지 하고 쉬다)

새 어휘 및 표현

명상   마음먹다   못(을) 박다   아예   한순간   망가지다   망치다

활동 🔊 듣고 말하기

듣기 1 광고입니다. 다음을 듣고 물음에 답하십시오.

1) 무엇에 대한 내용인지 알맞은 것을 고르십시오.
   ① 유학생 취업 상담 서비스
   ② 유학생 심리 상담 서비스
   ③ 유학생 한국어 통역 서비스
   ④ 유학생 비자 발급 안내 서비스

듣기 2 유학생 우울증에 관한 대화입니다. 다음을 듣고 물음에 답하십시오.

1) 남자의 중심 생각으로 가장 알맞은 것을 고르십시오.
   ① 유학생의 우울감은 시간이 지나면 자연스럽게 해결된다.
   ② 유학생의 스트레스는 학업 성적과 직접적인 관련이 있다.
   ③ 유학을 떠나기 전에 심리 상태를 점검하는 것이 중요하다.
   ④ 유학생의 우울증은 현지 친구들과 어울리지 못해서 발생한다.

2) 들은 내용과 같은 것을 고르십시오.
   ① 유학 전에 심리 상태를 확인해 보는 것이 좋다.
   ② 유학 중에 겪는 어려움은 혼자 해결할 수 있다.
   ③ 유학 생활에 잘 적응하면 우울증을 겪지 않는다.
   ④ 유학 생활을 하면 누구나 심한 불안감을 느낀다.

말하기 유학 생활을 하면서 불안함을 느낀 적이 있습니까? 왜 그런 불안함을 느꼈습니까? 그럴 때는 어떻게 했습니까? 이야기해 보십시오.

> 저는 환경도 낯설고 한국어도 서툴고 해서 불안했는데 학교 심리 상담 센터에서 상담을 받은 후 마음이 편안해졌어요.

새 어휘

시차   다국어

활동  읽고 말하기

읽기 1 향수병에 관한 글입니다. 다음을 읽고 해당되는 것에 체크해 보십시오.

향수병은 고향을 그리워하는 마음에서 비롯된 일종의 우울증입니다. 다음은 향수병을 진단하기 위한 체크리스트입니다.

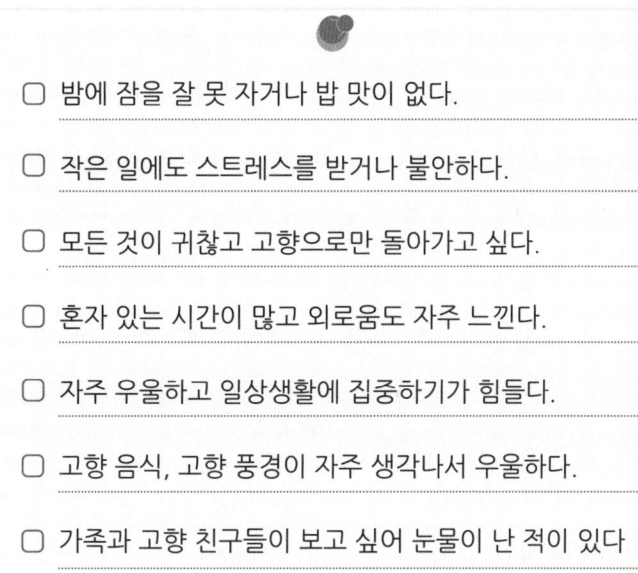

- ☐ 밤에 잠을 잘 못 자거나 밥 맛이 없다.
- ☐ 작은 일에도 스트레스를 받거나 불안하다.
- ☐ 모든 것이 귀찮고 고향으로만 돌아가고 싶다.
- ☐ 혼자 있는 시간이 많고 외로움도 자주 느낀다.
- ☐ 자주 우울하고 일상생활에 집중하기가 힘들다.
- ☐ 고향 음식, 고향 풍경이 자주 생각나서 우울하다.
- ☐ 가족과 고향 친구들이 보고 싶어 눈물이 난 적이 있다

위의 증상 중 3개 이상 해당된다면 향수병을 의심해 볼 수 있습니다. 향수병을 극복하기 위해서는 다음과 같은 방법을 시도해 보십시오.

- 지금 있는 곳의 문화나 역사 공부하기
- 지금 있는 곳에서 할 수 있는 일이나 경험해 보기
- 전문가의 도움 받기(심리 상담 전문가, 정신과 의사 등)
- 가까운 사람들에게 자기의 마음이나 상태를 이야기하기(가족, 고향 친구 등)

새 어휘

비롯되다   일종   진단하다

활동 — 읽고 말하기

읽기 2 우울증 관련 글입니다. 다음을 읽고 물음에 답하십시오.

랑스 뉴스

"마음의 감기"라고 불리는 우울증은 누구에게나 찾아올 수 있는 병이다. 하지만 많은 사람들이 정신과 치료에 대한 오해와 편견으로 병원에 가는 것을 망설인다. 사람들이 가지고 있는 오해와 편견에 대해서 알아보고자 한다. 먼저, 정신과는 심각한 정신병만을 다루는 곳이 아니다. 가벼운 우울감, 불안, 스트레스 등 일상적인 문제로도 언제든지 찾아갈 수 있는 곳이다. 단순히 잠이 잘 안 올 때도 정신과를 찾아가 약을 처방받을 수 있다. 그리고 의료 기록은 환자와 담당 의사 외에는 그 누구도 볼 수 없게 되어 있다. 그렇기 때문에 걱정은 하지 않아도 된다. 마지막으로 우울증은 의지가 약해서 걸리는 병이 아니다. 뇌의 감정을 다루는 기능에 잠시 문제가 생겨 나타나는 병이다. 그래서 우울증은 누구든지 걸릴 수 있으며 방치하면 더 심각한 문제로 이어질 수 있다. 마음의 건강도 몸의 건강만큼 중요하기 때문에 혹시 마음이 아프다면 망설이지 말고 전문가의 도움을 받는 것이 좋다.

1) 무엇에 대한 글인지 고르십시오.
   ① 정신과 치료의 필요성
   ② 우울증의 원인과 증상
   ③ 우울증 극복 방법 소개
   ④ 정신과 치료의 오해와 진실

2) 윗글의 내용과 같은 것을 고르십시오.
   ① 정신과는 심각한 정신병만을 다루는 곳이다.
   ② 우울증 치료 기록은 환자 가족도 볼 수 있다.
   ③ 정신과는 일상적인 문제로도 찾아갈 수 있다.
   ④ 우울증은 의지가 약한 사람들이 걸리는 병이다.

말하기 향수병은 유학생이면 누구나 걸릴 수 있습니다. 향수병으로 힘들어 하는 친구에게 조언해 보세요.

요즘은 가족도 그립고 해서 고향으로 돌아갈까 해요.

운동을 하든지 고향 친구를 만나든지 해 보세요. 이렇게 하다 보면 나아질 거예요.

새 어휘

편견   망설이다   의지

활동  쓰고 발표하기

쓰기 낯선 곳에서 생활하다 보면 한번쯤은 향수병을 겪습니다. 향수병의 증상과 그 극복 방법에 대해 써 보십시오.

익힘책 85쪽 원고지 활용, '-다'체 사용

| 처음 | 향수병의 정의 |

▶
▶
▶

| 중간 | 향수병의 원인과 증상 |

▶
▶
▶

| 끝 | 향수병 극복 방법 |

▶
▶
▶

발표하기 위의 내용을 발표해 보십시오.

문화2 SNS 유행 간편 요리

여러분은 SNS에서 유행하는 음식을 만들어 본 적이 있습니까? 요즘 건강하면서 간편하게 만들 수 있는 음식들이 SNS에서 인기를 끌고 있습니다. 간단한 재료와 방법으로 누구나 따라 할 수 있습니다. 영양소가 풍부한 재료로 만들어서 건강 관리에도 도움이 됩니다. 그럼, SNS에서 유행한 간편 요리에는 무엇이 있는지 알아볼까요?

오이 김밥

오이 김밥은 김밥 안에 오이만 넣고 만드는 김밥입니다. 김 위에 간을 한 밥과 오이를 올려 돌돌 말면 완성됩니다. 오이는 소화에 좋습니다. 칼로리도 낮아서 다이어트에도 도움이 됩니다.

두부 유부초밥

두부 유부초밥은 밥 대신에 두부를 넣어서 만드는 유부초밥입니다. 두부를 으깨서 밥처럼 만들고 유부초밥으로 만들면 완성됩니다. 두부는 칼슘이 많아서 뼈를 튼튼하게 합니다. 비타민도 풍부해서 질병 예방에도 좋습니다.

양배추 참치 덮밥

양배추 참치 덮밥은 밥 위에 찐 양배추와 참치를 올린 덮밥입니다. 불을 사용하지 않고 전자레인지로도 간편하게 만들 수 있습니다. 양배추는 소화와 면역력 강화에 좋고 참치는 심장 건강에 좋습니다. 또 자극적인 양념을 넣지 않아서 속을 편안하게 해 줍니다.

오트밀 죽

오트밀 죽은 밥 대신에 오트밀(oatmeal)을 넣어 만드는 죽 요리입니다. 전자레인지만 있으면 5분 만에 만들 수 있습니다. 주로 달걀과 참치를 넣어 만듭니다. 오트밀은 질병 예방에 도움을 주고 소화에 좋습니다. 또 칼로리가 낮고 적은 양으로도 쉽게 배가 부르기 때문에 다이어트에도 좋습니다.

▶여러분이 알고 있는 간편 요리가 있습니까? 소개해 보십시오.

모범 답안 및 정답 예시

1과 새로운 시작

2과 배려와 예절

3과 직업의 변화

4과 언어의 변화

5과 식품과 영양

6과 마음 건강

모범 답안 및 정답 예시

1과　새로운 시작　30쪽 ~ 32쪽

- ▶ 듣기1 : 1) ②
- ▶ 듣기2 : 1) ③
- ▶ 읽기1 : 1) ④
- ▶ 읽기2 : 1) ②　　2) ②

2과　배려와 예절　48쪽 ~ 50쪽

- ▶ 듣기1 : 1) ④
- ▶ 듣기2 : 1) ④　　2) ①
- ▶ 읽기1 : 1) ④
- ▶ 읽기2 : 1) ④　　2) ③

3과　직업의 변화　66쪽 ~ 68쪽

- ▶ 듣기1 : 1) ③
- ▶ 듣기2 : 1) ①　　2) ②
- ▶ 읽기1 : 1) ①-X　②-O　③-X　④-O
- ▶ 읽기2 : 1) ①　　2) ③

4과　언어의 변화　86쪽 ~ 88쪽

- ▶ 듣기1 : 1) ①
- ▶ 듣기2 : 1) ②　　2) ②
- ▶ 읽기1 : 1) ③
- ▶ 읽기2 : 1) ④　　2) ③

5과　식품과 영양　104쪽 ~ 106쪽

- ▶ 듣기1 : 1) ③
- ▶ 듣기2 : 1) ①　　2) ①
- ▶ 읽기1 : 1) ①
- ▶ 읽기2 : 1) ③　　2) ③

6과　마음 건강　122쪽 ~ 124쪽

- ▶ 듣기1 : 1) ②
- ▶ 듣기2 : 1) ④　　2) ①
- ▶ 읽기2 : 1) ④　　2) ③

듣기 지문

1과 듣기1 뉴스입니다. 다음을 듣고 물음에 답하십시오. 30쪽

여: 최근 한 조사에서 20~30대 남녀를 대상으로 현재 하고 있는 일이나 공부가 어릴 적 장래 희망과 얼마나 관련 있는지를 조사하였습니다. 그 결과 대부분의 사람들이 과거 장래 희망과 관련 없는 일을 하고 있다고 합니다. 가장 많은 응답으로는 '전혀 관련 없는 일을 하고 있다'가 가장 많았습니다. 특히 2022년에는 61.8%에 달했습니다. 장래 희망과 일치하거나 유사한 일을 하는 경우는 상대적으로 적었습니다. '정확히 일치' 또는 '유사한 일'을 한다는 응답은 40%를 넘지 않았습니다. 이러한 현상의 주된 이유로는 '내 능력이 안 되는 것 같아서'라는 응답이 가장 많았고, 다음으로는 '내 성적이 좋지 않아서', '돈이 너무 많이 들어서', '분야가 지나치게 경쟁이 치열해서' 등의 이유가 뒤를 이었습니다.

통계 출처: 엠브레인 트렌드 모니터

1과 듣기2 두 사람의 대화입니다. 다음을 듣고 물음에 답하십시오. 30쪽

남: 이번에 처음으로 큰 프로젝트를 맡게 됐어요.
  정말 잘하고 싶은데 실패할까 봐 여간 걱정되는 게 아니에요.
여: 누구나 처음에는 실수해요. 그 경험을 통해 성장하는 거고요.
남: 그래도 괜히 힘든 일을 맡은 것 같아요.
  그냥 쉬운 걸 선택해서 안전하게 할 걸 그랬어요.
여: 안전한 선택도 중요하지만 너무 쉬운 것만 찾다 보면
  나중에 더 큰 도전을 할 기회를 놓칠 수도 있어요.
남: 정말 그럴까요?
여: 만약 실패하더라도 그게 성장하고 발전하는 데
  도움이 될 거예요. 그러니까 자꾸 피하려고만 하지 말고
  용기 내서 도전해 보세요.
남: 조언 고마워요. 한번 해 볼게요.

2과 듣기1 라디오 공익 광고입니다. 다음을 듣고 물음에 답하십시오. 48쪽

여: (캠페인 시작 효과음) 오늘은 청각 장애인을 위한 생활 속 작은 배려에 대해 이야기해 보겠습니다. 청각 장애인은 소리를 듣고 말로 의사소통하는 데 어려움을 겪습니다. 이들의 일상생활 적응을 돕기 위해서는 주변의 이해와 작은 배려가 필요합니다. 우선, 청각 장애인과 대화할 때는 조금 시간이 걸리더라도 눈을 마주 보면서 천천히 또박또박 말해야 합니다. 입 모양을 명확히 보여 주면서 반복해서 말하는 것이 좋습니다. 또 긴 문장은 짧게 끊어 말하며 필요하다면 몸짓이나 표정을 활용하는 것도 좋은 방법입니다. 우리의 작은 배려가 청각 장애인에게 더 나은 세상을 만들어 줄 수 있습니다. 이상으로 랑스 캠페인이었습니다.
(캠페인 종료 효과음)

2과 듣기2 타오와 시영의 대화입니다. 다음을 듣고 물음에 답하십시오. 48쪽

여: 시영 씨, 배낭을 왜 그렇게 앞으로 메고 있어요?
남: 아, 이거요? 사람이 많은 지하철과 같은 대중교통 안에서는
  다른 사람을 위해 이렇게 앞으로 메는 게 예의일걸요.
여: 아, 그래요.
  그런데 저쪽에 있는 사람은 가방을 뒤로 메고 있네요.
남: 앞으로 메는 것이 예의인데 아직도 많은 사람들이
  그냥 뒤로 메고 있더라고요. 그리고 한 번은 빈자리에
  가방이 놓여 있는 바람에 서서 간 적도 있었어요.
여: 맞아요. 저도 이런 적이 있었는데 여간 불편한 게 아니었어요.
  그래서 광고나 안내를 통해 이런 대중교통 에티켓을 알리면
  좋겠어요.

3과 듣기1 N잡러에 관한 설문 조사 결과입니다. 다음을 듣고 물음에 답하십시오. 66쪽

남: 최근 N잡러에 대한 관심이 높아지고 있는데요. 직장인 1,000명을 대상으로 실시한 이 조사에서 다른 직업을 가질 기회가 있다면 "하겠다"는 응답이 74%로 높게 나타났습니다. 연령대에 따라 살펴보면, 20대가 82%로 가장 높은 관심을 보였고 30대(77.2%), 40대(72.8%), 50대(62.4%) 순으로 나타났습니다. 젊은 세대일수록 N잡에 대한 관심이 더 높은 것으로 확인되었습니다. 다음으로 추가 직업을 원하는 주된 이유로는 '여유로운 생활을 위해서'가 45.9%로 1위를 차지했으며 '돈을 모으기 위해서'(27%), '노후 대비를 위해서'(20.8%)가 그 뒤를 이었습니다.

통계 출처: 엠브레인 트렌드 모니터

4과 듣기1 신조어에 관한 뉴스입니다. 다음을 듣고 물음에 답하십시오. 86쪽

여: 최근 한 조사에 따르면 신조어를 사용해 본 적이 있다고 대답한 사람이 응답자의 85%를 차지했습니다. 연령이 낮을수록 신조어를 많이 사용하는 것으로 나타났습니다. 한편 신조어를 사용하는 이유로는 '짧게 말하고 쓰는 것이 편해서'라는 응답이 가장 많았고 '재미가 있어서'가 그 뒤를 이었으며 '주변 사람들이 사용해서', '유행에 뒤처지지 않기 위해서'의 순으로 나타났습니다.

3과 듣기2 직업 소개 인터뷰입니다. 다음을 듣고 물음에 답하십시오. 66쪽

여: 오늘 직업 인터뷰 시간에는 캘리그래퍼 김인수 님을 초대했습니다. 이 직업을 잘 모르시는 분도 계실 텐데요. 어떤 일을 하시는지 설명을 부탁드리겠습니다.
남: 캘리그래퍼는 글씨를 그림처럼 그리는 직업을 말하는데요. 저는 이런 그림 같은 글씨로 광고 문구나 드라마의 타이틀을 디자인하고 있습니다.
여: 그렇군요. 그럼, 어떻게 이 캘리그래퍼를 시작하게 되셨습니까?
남: 처음에는 서예가로 활동을 했습니다. 한자든 한글이든 제가 직접 쓴 글을 전시했습니다. 그러던 중에 글자를 그림처럼 쓰는 것을 보고 여기에 서예를 더한다면 더 좋을 것 같다는 생각이 들어 이 일을 시작하게 되었습니다.
여: 아, 그러셨군요. 정말 멋진 직업이네요. 이렇게 이야기를 나누다 보니 벌써 마칠 시간이네요. 나와 주셔서 감사합니다.

4과 듣기2 신조어 사용에 관한 인터뷰입니다. 다음을 듣고 물음에 답하십시오. 86쪽

남: 박사님, 지금까지 말씀 잘 들었습니다. 그렇다면 신조어 사용으로 인한 문제점은 없을까요?
여: 네. 앞서 말씀드린 것과 다르게 이번에는 신조어 사용의 문제점에 대해 말씀드리겠습니다. 먼저 세대 간의 의사소통이 잘 안되는 문제가 있습니다. 신조어는 주로 젊은 세대들이 사용하기 때문에 이를 사용하지 않는 세대들은 무슨 말인지 몰라서 소외감을 느낄 수 있다는 것이죠. 다음으로 언어의 파괴가 심해질 수 있습니다. 아시다시피 한국어는 세계가 인정하는 과학적이고 체계적인 언어입니다. 이런 언어를 재미와 편리함을 위해 마음대로 줄이거나 다른 언어와 연결해서 사용한다면 원래의 모습과 의미가 사라질지도 모릅니다. 또한 이런 문제들로 인해 신조어를 이해하기 위한 추가적인 학습이 필요해져서 언어 학습에 대한 부담이 증가하게 되는 것도 문제라고 볼 수 있습니다.

5과 듣기1
음식 궁합에 관한 대화입니다.
다음을 듣고 물음에 답하십시오. 104쪽

여: 내일 등산 갈 때 간식으로 뭘 가져갈까요?
남: 오이하고 당근은 어때요? 오이와 당근은 물 대신
　　수분을 보충할 수 있으니까 오이와 당근을 가져가요.
여: 근데 오이하고 당근은 같이 먹으면
　　오이가 당근의 비타민 C 흡수를 방해해서 안 좋대요.
남: 그래요? 그럼, 건강하게 먹으려면 어떻게 먹어야 돼요?
여: 먼저 오이를 먹고 나중에 당근을 먹으래요.
　　영양소 파괴가 걱정되면 오이든 당근이든
　　한 가지만 먹는 게 좋대요.
남: 그럼, 내일은 오이만 가져갑시다.
　　그리고 지칠 때 먹을 초콜릿은 제가 가져갈게요.
여: 좋아요. 초콜릿은 적은 양치고 칼로리가 높으니까
　　피곤할 때 먹으면 되겠어요.

5과 듣기2
유이와 악셀의 대화입니다.
다음을 듣고 물음에 답하십시오. 104쪽

여: 오늘 우리 집에 가서 라면 먹을래?
　　내가 건강한 라면을 끓여 줄게.
남: 라면? 좋아, 맛있겠다. 그런데 건강한 라면이 뭐야?
여: 내가 요즘 음식 궁합이 좋은 재료끼리 넣어서
　　새로운 음식을 만들어 보는 중이야.
남: 와, 그럼, 오늘 라면에 뭐가 들어가는 거야?
여: 라면에 두부랑 다시마를 넣을 거야.
남: 라면에 두부랑 다시마를 넣는다고?
여: 응, 두부는 라면에 부족한 단백질을 보충해 주고
　　다시마는 라면의 나트륨을 몸 밖으로 빼내 준대.
남: 아, 그래…. 영양은 좋더라도 음식은 취향도 중요하잖아.
여: 지난번에 끓여 먹어 봤는데 라면 맛은 그대로야.
　　너도 한번 먹어 봐.

6과 듣기1
광고입니다. 다음을 듣고 물음에 답하십시오. 122쪽

여: 설렘 반, 두려움 반으로 시작한 한국에서의 첫날을 기억하세요?
　　낯선 언어, 새로운 문화, 그리고 매일 밤 찾아오는 향수병,
　　혼자라고 생각하진 마세요.
　　시차 때문에 가족과 연락하기도 힘들고
　　한국 친구들과 어울리는 것도 쉽지 않죠?
　　수업은 이해하기도 힘들고 해서 포기하고 싶을 때도
　　한두 번이 아니죠? 당신의 고민을 들려주세요.
　　여러분의 언어로 여러분의 마음을 이야기할 수 있습니다.
　　우리는 당신의 꿈을 응원합니다.
　　지금 이 순간, 여러분 곁에 함께 하겠습니다.

　　외국인 유학생 다국어 심리상담 서비스
　　전화 상담은 1588-1111
　　온라인 상담은 www.yourheart.kr

　　당신의 유학 생활 더 이상 혼자가 아닙니다.
　　당신의 꿈을 응원합니다.

6과 듣기2
유학생 우울증에 관한 대화입니다.
다음을 듣고 물음에 답하십시오. 122쪽

여: 안녕하세요. 오늘은 김세진 선생님을 모시고
　　유학생들이 겪는 우울증에 대해 알아보도록 하겠습니다.
　　선생님, 안녕하세요?
남: 안녕하세요. 유학생들은 낯선 곳에서 공부하고
　　생활에 적응해야 하기 때문에 외로움이나 불안감을 느낄 수 있습니다.
　　하지만 단순한 외로움이나 잠깐의 우울감을 넘어 일상생활이
　　힘들 정도의 불안이나 우울증을 겪는 경우도 있습니다.
　　이런 경우 일상생활에도 영향을 미쳐서 수업에 집중하기 힘들고
　　사소한 일에도 쉽게 짜증을 내는 등 일상생활에서 어려움을 겪습니다.
여: 아, 그렇군요. 이럴 때는 어떻게 해야 할까요?
남: 유학을 떠나기 전에 자신의 심리 상태가 어떤지
　　전문가와 함께 이야기를 해 보는 것도 한 방법입니다.
　　또 유학 중에 힘든 일이 있다면 혼자 힘들어하기보다는
　　친구나 학교 상담 센터 등의 도움을 받는 것이 좋습니다.

어휘 · 표현 색인

1과 새로운 시작

가슴이 콩닥콩닥 뛰다	25
갑작스럽다	21
경쟁이 치열하다	30
고려하다	32
고생	22
곰곰이	32
관심 분야를 찾아보다	24
구체적인 미래 계획을 세우다	24
극복하다	31
기억이 생생하다	18
꾸준히 노력하다	24
끊임없이	32
다양한 분야를 경험하다	24
덤벙대다	29
두려워하다	32
든든하다	21
매사	29
모든 게 낯설다	18
반값	23
발전하다	32
밤새도록 울다	20
분야	30
새로운 것을 시도하다	24
속상하다	20
신중하다	22
심장이 떨리다	19
아쉬움이 남다	18
어휘력	31
엊그제 같다	18
여러 분야에서 경험을 쌓다	24
유사하다	30
유창하다	21
일을 맡다	30
일치하다	30
적극적	22
적응하다	20
정확히	30
존중하다	32
착각하다	21
통통	21
한국 생활이 막막하다	18
한국어가 서툴다	18
한식 조리사	25
흥미롭다	21

2과 배려와 예절

감정	48
개가 짖다	44
계층	50
공유 폴더	39
과소비 하다	41
깁스	46
다리를 벌리다	40
돋보기	38
마구	45
마라톤 코스	47
무인 주문기	50
문자	48
방해	43
배려	37
부착하다	50
분류하다	41
불법 주차	46
붐비다	40
비난	44
빈자리	48
사회적 약자를 배려하다	36
선호하다	48
설치하다	38
소통하다	48
손잡이	40
시각 장애인을 위한 음성 안내	36
식사 예절	39
안내견	37
에티켓	37
예의 있게 대하다	42
예의가 바르다	42
예의가 없다	42
예의가 있다	42
예의를 지키다	42
예의에 어긋나다	42
완주하다	47
의무적	38
이웃 돕기	39
인건비	50
인공지능 음성 기술	50
임산부석	38
잔소리	44
장애인 주차 구역	40
장애인용 화장실	38
저상버스를 이용하다	36
점자 스티커	50
젖히다	48
제출하다	39
조르다	45
조회 수	41
중단	47
중요성	48
쥐가 나다	47
집중하다	43
챙기다	39
청각 장애인을 위한 자막 방송	36
코를 골다	44
플리 마켓	41
하도	44
화재 경고등	38
확대	49
휠체어 리프트를 설치하다	36

3과 직업의 변화

-에 따라	66
AI 센서	61
IT 전문가	56
N잡러	54
광고 문구	66
구분하다	59
기계가 사람의 일을 대신하다	60

134

기후	61	직업을 여러 개 갖다	54	명확하다	88
꼼꼼하다	57	체계적	67	몰려들다	85
너도나도	58	최신곡	59	물고기가 물을 만난 듯이	80
노후 대비	66	취미로 돈을 벌다	54	물을 쓰듯이	80
농부	61	친근감	67	반품	77
농사	61	캘리그래퍼	66	별것	76
농업	61	쾌적하다	67	별이 쏟아질 듯이	80
눈길을 주다	58	크리에이터	56	빗방울	79
대체	62	타이틀	66	사고방식	88
디지털 기술	62	특성	67	상황과 맥락에 맞추다	74
따지다	64	평생 직업	54	새로운 문화를 반영하다	74
로봇	62	품목	68	소외감	86
목적지	68			시간이 멈춘 듯이	80
반도체	68	**4과 언어의 변화**		시대의 변화와 함께하다	74
반려동물	67			신조어	74
발톱	67			아스팔트	87
버킷리스트	65	가뭄에 콩 나듯이	80	엄청나다	82
비닐하우스	61	가사	76	엎드리다	78
사육사	56	각종	82	여름철	87
삼키다	58	간결하다	88	연령	86
새로운 기술이 등장하다	60	개발	81	예술적	88
새로운 직업이 생겨나다	60	거꾸로	77	유리창	81
생산량	61	거두다	84	의미가 담겨 있다	74
생활 방식이 바뀌다	60	겨울철	87	재미를 더하다	74
서서히	68	계기	77	적절하다	88
서예가	66	고개를 갸웃거리다	84	증가하다	86
선정	67	관점	88	출연하다	84
성향	67	기다	83	카공족	74
승진하다	56	기울다	84	투명하다	81
실시간	67	널리	82	파괴	86
연령대	66	눈을 비비다	84	파도가 밀려오듯이	80
워라밸	54	다른 세대와 소통하다	74	펑펑	84
유지하다	61	답안지	77	평화롭다	81
인구가 감소하다	60	대다수	86	풍부하다	88
일과 생활을 구분하다	54	대비하다	82	하늘을 찌르다	82
일과 취미를 함께하다	54	대책	82	한꺼번	85
일자리	62	독특하다	84	한산하다	85
일정하다	61	뒤처지다	86	햇살	81
자동화	62	마치	81		
자동	68	막냇동생	79		
전문성	67	멜로디	76		

5과 식품과 영양

ABC 주스	96
갈다	103
갈증이 나다	97
건강한 밥상을 차리다	92
고단백	97
고칼슘	96
과식	96
껍질째	97
나물	97
나트륨	94
낫또	106
뇌	93
다시마	104
단백질	92
단백질바	101
데치다	97
동물성	94
막다	106
맛과 영양이 배가 되다	98
무기질	92
변비	96
보약	103
보완하다	103
보충되다	96
복용량	101
불규칙적인 식사를 하다	92
비타민	92
비타민 A	94
비타민 D	94
섬유질	96
섭취하다	95
섭취량	102
소비량	102
소화를 돕다/막다	98
식단	95
식물성	94
식습관	99
식음료	105
식이섬유	99
식재료	106
에너지가 보충되다	98
열대 과일	106
영양소가 골고루 들어있다	92
영양소가 충분하다	98
영양의 균형을 맞추다	92
영양이 만점이다	92
영양제	95
유일하다	93
유제품	100
육류보다 채소를 섭취하다	92
음식 궁합이 맞다/맞지 않다	98
일석이조	103
제로 슈거	100
조식	106
중요시하다	105
지방	98
집밥	102
체중	102
최고의 영양식이다	98
카페인	100
칼슘	96
커스터마이징(customizing)	105
콜레스테롤	103
탄수화물	92
편식	101
피하다	94
필수 영양소를 섭취하다	92
할랄 푸드	102
함량	102
햇볕을 쬐다	94
현대인	95
흡수	99
흡수율	103

6과 마음 건강

건강한 수면 습관을 가지다	116
균형 잡힌 식사를 하다	116
꽤	119
느긋하다	113
다국어	122
동창회	120
마음껏	120
마음먹다	121
망가지다	121
망설이다	124
망치다	121
명상	121
모교	120
못(을) 박다	121
물어뜯다	118
번아웃	119
불면증이 있다	110
불안감을 느끼다	110
비롯되다	123
성능	114
시차	122
식욕이 없다	110
아예	121
악몽을 꾸다	110
앓다	119
예민하게 행동하다/굴다	110
외로움을 느끼다	110
우울함을 느끼다	110
의지	124
이왕	117
일종	123
자신감을 잃다	110
적극적으로 치료를 받다	116
전문가에게 도움을 받다	116
주변 사람들과 함께 시간을 보내다	116
진단하다	123
찾아뵙다	120
처방에 따라 약을 복용하다	116
편견	124
한 발짝	111
한순간	121
향수병	111
화창하다	118

출처 표기

[Freepik]
kr.freepik.com

1과 새로운 시작 19쪽; 25쪽; 2과 배려와 예절 36쪽; 43쪽; 50쪽; 3과 직업의 변화 55쪽; 61쪽; 62쪽; 64쪽; 4과 언어의 변화 81쪽; 82쪽; 5과 식품과 영양 92쪽; 98쪽; 99쪽; 6과 마음 건강 111쪽; 114쪽; 117쪽; 문화 2126쪽; 127쪽;

[삼성뉴스룸]
news.samsung.com/kr

2과 배려와 예절 37쪽; 삼성뉴스룸 [삼성화재안내견학교 (https://bit.ly/3DytgIF)]

[Photo AC]
photo-ac.com

2과 배려와 예절 36쪽; 5과 식품과 영양 99쪽;

참고 문헌

1과 - 30쪽; 130쪽;
　　엠브레인 트렌드 모니터, "결국, 가장 중요한 건 적성" 나에 대한 확신이 더욱 절실한 요즘 사람들
　　　https://www.trendmonitor.co.kr/tmweb/trend/allTrend/detail.do?bIdx=2361&code=0401&trendType=CKOREA
3과 - 66쪽; 131쪽;
　　엠브레인 트렌드 모니터, "월급만으로는 부족해…" 생계 위해 'N잡' 찾는 직장인들
　　　https://www.trendmonitor.co.kr/tmweb/trend/allTrend/detail.do?bIdx=2778&code=0402&trendType=CKOREA
5과 - 102쪽;
　　엠브레인 트렌드 모니터, '안전한 먹을 거리' 원하는 소비자, 종교적 색채에도 불구하고 '할랄푸드'에 관심 기웃
　　　https://www.trendmonitor.co.kr/tmweb/trend/allTrend/detail.do?bIdx=1750&code=0301&trendType=CKOREA
　　102쪽;
　　엠브레인 트렌드 모니터, '먹방'과 '쿡방', 요리프로그램들이 점령한 TV채널
　　　https://www.trendmonitor.co.kr/tmweb/trend/allTrend/detail.do?bIdx=1329&code=0303&trendType=CKOREA

랑스한국어 4A

기획	랑스 주식회사 (랑스코리아)
지은이	랑스한국어연구소
	(집필진 l 민혜경, 한선경, 임지현, 정대우, 박상아)

초판 1쇄 인쇄	2024년 10월 22일
초판 1쇄 발행	2024년 10월 22일
	ISBN 979-11-988939-4-9
	ISBN 979-11-988939-3-2 (세트)
	Copyright. 2023. 랑스 주식회사
	이 책의 저작권은 랑스 주식회사에 있습니다.
	저작권자의 허락 없이 내용의 일부를 인용하거나
	발췌하는 것을 금합니다.

출판	랑스 주식회사
	(48082) 부산광역시 해운대구 좌동로 67, 2층
	전화 l +82-51-965-1000
	전송 l +82-50-4202-5193
	전자우편 l info@langscorp.com
	홈페이지 l www.langskorea.co.kr (영어)
	www.langskorea.com (일본어)
	총괄 l 박시영
	일러스트 l 정세빈
	편집/디자인 l 박상아, 정세빈
	목소리 녹음 l 임성수, 김선현

* 잘못된 책은 구입하신 서점 및 기관에서 교환해 드립니다.
* 정가는 표지에 표기되어 있습니다.

목차

1과 새로운 시작 4

2과 배려와 예절 18

3과 직업의 변화 32

4과 언어의 변화 46

5과 식품과 영양 60

6과 마음 건강 74

모범 답안 및 정답 예시 89

문법 1

얼마나 [동사/형용사]-던지

1 <보기>와 같이 대화를 완성하십시오.

> **보기**
> 집이 마음에 들다,
> 당장 이사하고 싶다
>
> 가: 이사할 집은 잘 보고 왔어요?
> 나: 네. <u>얼마나 집이 마음에 들던지 당장 이사하고 싶었어요</u>.

1) 무대가 신나다,
   시간 가는 줄 모르다
   가: 어제 콘서트는 잘 갔다왔어요?
   나: 네. _____

2) 성격이 잘 맞다,
   한 번도 안 싸우다
   가: 룸메이트하고는 잘 지내요?
   나: 네. _____

3) 부담이 되다,
   도망치고 싶다
   가: 그동안 정말 수고했어요. 많이 힘들었죠?
   나: 많이 힘들지는 않았는데 _____

4) 하품이 나다,
   눈물까지 나오다
   가: 오늘 본 영화는 어땠어요?
   나: 지루했어요. _____

5) 신기하다,
   내 눈을 의심하다
   가: 아까 마술 공연에서 사람이 갑자기 사라지는 마술은 너무 신기했어요.
   나: 저도요. _____

6) 방이 춥다,
   창가에 둔 물이 얼다
   가: 기숙사 난방이 고장 났다고 하던데 괜찮아요?
   나: 아니요. _____

2 <보기>와 같이 대화를 완성하십시오.

보기

이삿짐이 많다,
어깨가 빠지다

가: 이사는 잘 했어요? 도와주지 못해서 미안해요.
나: 미안하기는요. 그런데 <u>이삿짐이 얼마나 많던지 어깨가 빠지는 줄 알았다니까요.</u>

1) **울면서 엄마를 찾다, 세상이 끝나다**

가: 제가 출장 간 사이 아이는 잘 지냈어요?
나: 처음엔 _____

2) **소리를 지르다, 귀가 나가다**

가: 어젯밤에 방이 시끄럽던데 무슨 일 있었어요?
나: 미안해요. 룸메이트와 공포 영화를 봤어요.
   룸메이트가 _____

3) **건물이 높다, 목이 부러지다**

가: 여행은 어땠어요?
나: 세계에서 가장 높은 건물을 보고 왔어요.
   _____

4) **햇빛이 뜨겁다, 몸이 타다**

가: 오늘 햇빛도 강하고 많이 덥죠?
나: 네. _____

5) **달리기가 빠르다, 우사인 볼트이다**

가: 이번 달리기 시합도 엘레나가 1등이네요.
나: 2등과 차이가 많이 나네요.
   _____

6) **이국적이다, 한국이 아니다**

가: 거제도에 가 본 적이 있어요?
나: 네. 정말 아름다웠어요.
   _____

문법 2

동사/형용사 -았/었/했을 텐데(요)

1 <보기>와 같이 대화를 완성하십시오.

보기

| 조금만 더 서두르다, 들어갈 수 있다 | 가: 아, 이미 뮤지컬 입장 시간이 지났네요.
나: 5분밖에 안 지났는데 아쉬워요.
<u>조금만 더 서둘렀으면 들어갈 수 있었을 텐데요.</u> |

① **여행자 보험을 들다, 보상을 받을 수 있다**
가: 시영 씨, 해외 여행 중에 휴대폰을 잃어버렸다면서요?
나: 네. _____

② **어제 잠을 충분히 자다, 사고가 안 나다**
가: 켄타 씨, 어제 교통 사고가 났다면서요? 괜찮아요?
나: 제가 운전하다가 깜박 졸았거든요.
_____

③ **쓰기만 잘 보다, 토픽 6급에 합격하다**
가: 토픽 6급에 합격했어요?
나: 아니요. _____

④ **돈을 아껴 쓰다, 먹을 걸 줄이지 않다**
가: 타오 씨는 샌드위치를 좋아하나 봐요.
나: 아니요. 이번 달 생활비를 다 써 버렸거든요.
_____

⑤ **뷔페 가는 줄 알다, 간식을 안 먹다**
가: 오늘 회식은 뷔페에서 한대요.
나: 네? 방금 간식을 먹었는데요.
_____

⑥ **처음부터 케이블카를 타다, 고생을 하지 않아도 되다**
가: 사람들이 여기까지 케이블카를 타고 오네요.
나: 앗, _____

2 <보기>와 같이 대화를 완성하십시오.

보기

비싸도 좋은 것을 사다, 문제가 없다

가: 제 키보드가 고장 난 것 같아요.
나: 싼 거를 사서 그런지 입력이 잘 안 되더라고요. <u>비싸도 좋은 것을 샀더라면 문제가 없었을 텐데요.</u>

① 갈아입을 옷이 있다, 바다에 들어가다

가: 모처럼 친구들과 바다에 왔는데 물에 안 들어가요?
나: 옷을 안 챙겨 왔어요. _____

② 미리 알다, 할인 쿠폰을 챙겨 오다

가: 이 매장은 쿠폰 있으면 10% 할인 받을 수 있대요.
나: 그래요? _____

③ 냉장고에 넣다, 안 상하다

가: 우유를 밖에 내놓았더니 상한 것 같아요.
나: 아깝네요. _____

④ 미리 말해 주다, 송별회를 준비하다

가: 저 내일 고향으로 돌아가요.
나: _____

⑤ 감자 크기를 작게 자르다, 더 먹기 좋다

가: 제가 만든 카레는 입에 맞아요?
나: 정말 맛있어요. 그런데 _____

⑥ 노래 가사를 알다, 사람들과 같이 부르다

가: 콘서트는 어땠어요?
나: 정말 즐거웠어요. 그런데 조금 아쉽네요. _____

1과 새로운 시작 　 어휘와 표현2

미래 계획 관련 표현

▶ <보기>에서 알맞은 것을 골라 문장을 완성하십시오.

```
보기
    꾸준히 노력하다              새로운 것을 시도하다
    관심 분야를 찾아보다          다양한 분야를 경험하다
    여러 분야에서 경험을 쌓다     구체적인 미래 계획을 세우다
```

1) 아직 꿈이 없다면 평소에 좋아하던 _____ 는 것부터 시작해 보는 것이 좋다.

2) 적성에 맞는 진로를 선택하기 위해서는 _____ 는 것도 좋은 방법이다.

3) 그렇게 _____ 다가 보면 어떤 분야가 가장 적성에 맞는지 알 수 있다.

4) 그리고 남들과 차이를 두기 위해서는 실패하더라도 계속 _____ 는 자세도 필요하다.

5) 적성에 맞는 분야를 찾았으면 그것을 목표로 _____ 는 것이 좋다.

6) 목표를 너무 크게만 잡지 말고 중간에 작은 목표를 정해서 _____ 는 것이 중요하다.

문법 1

동사 -는/ㄴ다면서 / 형용사 -다면서

1 <보기>와 같이 대화를 완성하십시오.

보기

1시에 약속이 있다

가: 마르완 씨는 어디에 갔어요?
나: 1시에 약속이 있다면서 나갔어요.

① 나한테 관심이 있다

가: 어제 소개팅을 했는데요.
_____ 연락이 왔네요.
나: 한 번 더 만나 보세요.

② 친구가 돈도 없다

가: _____ 생일 선물을 사 준대요.
나: 참 고마운 친구네요.

③ 동생이 밉다

가: _____ 좋은 건 동생 먼저 챙겨 주네요.
나: 미워도 가족이잖아요.

④ 일찍 자다

가: _____ 영화를 보고 있네요.
나: 이것만 보고 잘 거예요.

⑤ 일을 거들다

가: 환 씨가 2시까지 와서 _____ 아직 안 왔어요.
나: 아, 환 씨가 저기 달려 오네요.

⑥ 같은 과 친구다

가: 유이 씨가 마이클 씨를 _____ 소개해 줬어요.
나: 아, 저도 만난 적이 있어요.

2 <보기>와 같이 대화를 완성하십시오.

보기

| 타오랑 친하다 | 가: <u>타오랑 친하다면서</u> 왜 말을 못 걸어?
나: 타오가 오늘은 좀 바빠 보이잖아. |

1) 배가 부르다

가: 아까 _____ 또 먹으려고요?
나: 저도 모르게 먹게 되네요.

2) 방금 괜찮다

가: _____ 도대체 표정이 왜 그래요?
나: 아니에요. 정말 괜찮으니까 신경 쓰지 마세요.

3) 우승이 간절하다

가: 너는 _____ 시합에서 이길 노력은 안 하는 것 같아.
나: 무슨 소리야. 얼마나 열심히 하고 있는데.

4) 정신없이 바쁘다

가: 너는 _____ 게임할 시간은 있어?
나: 이건 잠깐 쉬는 거야.

5) 이 말이 맞는 말이다

가: 마르완, 아까는 _____ 왜 딴소리를 해?
나: 미안해.

6) 너의 실수가 아니다

가: _____ 왜 당당하게 말을 못해?
나: 말해도 사람들이 안 믿어 줄 것 같아서.

11

1과 새로운 시작 어휘와 표현1

아쉬움 관련 표현

▶ <보기>에서 알맞은 것을 골라 문장을 완성하십시오.

> **보기**
>
> 엊그제 같다 　　　　　　아쉬움이 남다
>
> 모든 게 낯설다 　　　　　기억이 생생하다
>
> 한국어가 서툴다 　　　　한국 생활이 막막하다

1) 처음 한국에 왔을 때는 _____ -아/어/해서 말실수를 많이 했어요.

2) 저는 아직도 처음 대학교에 입학해서 첫 수업을 들었을 때의 _____

3) 하고 싶은 것이 아직 많이 있는데 졸업하고 고향으로 돌아가려니까 _____

4) 한국에 온 지가 _____ -(으)ㄴ데 벌써 5년이나 지났어요.

5) 고향을 떠나서 새로운 곳에서 다시 시작하려니까 _____

6) 한국 문화를 잘 몰라서 처음에는 _____

하지만 지금은 한국 생활이 많이 익숙해졌어요.

문법 2

여간 동사/형용사 -는/(으)ㄴ 것이 아니다

1 <보기>와 같이 대화를 완성하십시오.

보기

잘 먹다	가: 환 씨가 고기를 그렇게 잘 먹어요? 나: 네. <u>여간 잘 먹는 게 아니에요.</u> 앉은 자리에서 10인분은 그냥 먹더라고요.

1) **생각이 깊다**

   가: 타오 씨는 항상 남을 배려하네요.
   나: 맞아요. _____

2) **아이돌을 잘 알다**

   가: 유이 씨는 K-팝 그룹을 잘 아는 것 같아요.
   나: 그렇죠? 특히 _____

3) **축구를 잘하다**

   가: 첸 씨는 못하는 운동이 없는 것 같아요.
   나: 맞아요. 특히 _____
   지난 경기에서는 혼자 다섯 골이나 넣더라고요.

4) **대회 경험이 많다**

   가: 오마르 씨는 이렇게 큰 대회에서도 전혀 긴장을 안 하네요.
   나: 오마르 씨가 _____
   올해 나간 대회만 벌써 세 번째예요.

5) **성격이 꼼꼼하다**

   가: 잔느 씨는 뭘 해도 실수가 없네요.
   나: 그럼요. _____
   사소한 것이라도 전부 메모를 하더라고요.

6) **손이 빠르다**

   가: 켄타 씨는 일을 정말 빨리 하네요.
   나: 그렇죠? _____
   보고서는 그날에 바로바로 끝내더라고요.

2 <보기>와 같이 대화를 완성하십시오.

> **보기**
>
> 책을 쓰는 것이 힘들다
>
> 가: 책을 쓰는 게 여간 힘든 게 아니에요.
> 나: 그렇죠? 그래도 다 쓰고 나면 뿌듯할 것 같아요.

1) **빨리 짓다**

   가: 벌써 건물 공사가 끝났네요. 공사 시작한 게 엊그제 같은데 _____

   나: 요즘은 건축 기술이 좋아져서 작은 건물은 금방이에요.

2) **잠이 오다**

   가: 공부한다고 며칠 동안 밤을 새웠더니 _____

   나: 성적도 중요하지만 건강도 챙겨 가면서 해요.

3) **하는 행동이 똑같다**

   가: 저 둘은 쌍둥이라서 그런지 _____

   나: 맞아요. 어떨 때는 같은 말을 동시에 하기도 해요.

4) **노을이 아름답다**

   가: 저녁에 바닷가에 갔는데 _____

   나: 그렇죠. 그런데 저는 석양보다는 일출이 예쁘더라고요.

5) **배가 고프다**

   가: 종일 굶어서 _____

   나: 어서 가서 식사부터 하세요.

6) **길이 밝다**

   가: 집 앞에 가로등이 새로 바뀌었는데 _____

   나: 다행이에요. 항상 길이 어두워서 걱정이었거든요.

▶ 1과 긴 글 쓰기 원고지

▶ 1과 긴 글 쓰기 원고지

1. 새로운 시작

2과 배려와 예절 — 어휘와 표현1

배려 관련 어휘 및 표현

▶ <보기>에서 알맞은 것을 골라 문장을 완성하십시오.

> **보기**
>
> 실례가 되다   자리를 양보하다
>
> 사회적 약자를 배려하다   안내견의 도움을 받다
>
> 휠체어 리프트를 설치하다   저상 버스를 이용하다

1) 청각 장애인에게 도움을 줄 때는 _____ -지 않도록 주의해야 합니다.

2) 저는 어르신이나 임산부가 지하철에 타면 _____ -(으)려고 하다

3) 시각 장애인은 _____ -아/어/해서 안전하게 이동할 수 있습니다.

4) 몸이 불편한 사람도 계단을 이용할 수 있게 _____ -아/어/해야 하다

5) 우리의 일상생활에서 _____ -는 장애인 주차구역, 장애인용 엘리베이터 등이 필요합니다.

6) 노약자나 임산부 등 교통 약자가 _____ -(으)면 바닥이 낮아 승차할 때 더 편리합니다.

문법 1

동사/형용사 -(으)ㄹ걸

1 <보기>와 같이 대화를 완성하십시오.

보기

차가 막히다

가: 약속 시간에 늦었는데 택시를 타고 갈까요?
나: 아니요. 주말 저녁이라서 아마 <u>차가 막힐걸요</u>. 지하철을 타고 가요.

1) **문을 닫다**

가: 수아 씨, 지난번에 갔던 식당에 갈까요?
나: 그 가게는 오늘 _____ 매주 화요일에 쉬더라고요.

2) **누구나 도와주다**

가: 악셀 씨가 저를 좋아하는 것 같아요. 제가 힘들 때마다 도와줘요.
나: 글쎄요. 악셀 씨는 친절해서 잔느 씨가 아니어도 _____

3) **고향에 도착하다**

가: 잔느 씨, 오마르 씨가 고향에 잘 도착했겠지요?
나: 아마 지금쯤 _____ 문자 한 번 보내 봐요.

4) **조금 외롭다**

가: 혼자 살면 편하겠지요?
나: 편하긴 하겠지만 집에서 반겨 주는 사람이 없어서 _____

5) **시험을 망치다**

가: 내일 시험이어서 오늘은 밤을 새서 공부를 하려고요.
나: 밤을 새면 졸려서 _____

6) **다음 주이다**

가: 유이 씨, 타오 씨의 집들이가 언제였죠?
나: 아마 _____

2 <보기>와 같이 대화를 완성하십시오.

보기

| 우산을 챙기는 게 좋다 | 가: 내일 캠핑을 가는데 비는 안 오겠지?
나: 글쎄. 혹시 모르니까 <u>우산을 챙기는 게 좋을걸</u>. |

1) 1시간은 기다려야 하다

가: 저 식당이 TV에 나와서 그런지 사람이 정말 많네. 우리도 가 볼까?

나: 저 식당에 들어가려면 _____

2) 많이 참석하다

가: 내일 유학생 모임에 학생들이 많이 올까?

나: 내 주변에서는 다들 간다고 하니까 _____ 참석 명단에 거의 온다고 사인했더라고.

3) 밝은 색이 좋다

가: 새 집으로 이사를 가는데 벽지는 무슨 색으로 하면 좋을까?

나: 밝은 색이 넓어 보이니까 벽지는 _____

4) 인터넷으로 제출해도 되다

가: 면접 볼 회사에 서류를 가져다 줘야 하는데 시간이 없네.

나: 요즘은 서류를 _____ 혹시 모르니 회사에 문의해봐.

5) 청소기를 고쳐 주다

가: 새로 산 로봇 청소기가 작동이 잘 안 되네. 어떻게 하지?

나: A/S 센터에 가면 바로 _____

6) 일을 다 끝내다

가: 내일이 마감일인데 이 일을 다 끝낼 수 있을까?

나: 지금부터라도 서두르면 마감 전에 _____

문법 2

동사/형용사 -더라도

1 <보기>와 같이 대화를 완성하십시오.

보기

| 어떤 음식을 먹더라도, 소리를 내면서 먹다 | 가: 한국에서는 음식을 먹을 때 소리를 내도 돼요?
 나: 아니요. <u>어떤 음식을 먹더라도 소리를 내면서 먹으면 안 돼요.</u> |

1) 곧 내리다, 버스 운행 중에 일어서다

　가: 오마르 씨, 이번 버스 정거장에서 내려야 하지요?
　나: 네. 그런데 _____

2) 급한 전화가 오다, 도서관에서 통화를 하다

　가: 여보세요? 저는 지금 도서관에 있어요.
　나: 마이클 씨, _____

3) 화가 나다, 똑같이 행동하다

　가: 무례하게 행동하는 손님 때문에 정말 화가 났어요. 저도 똑같이 해 주고 싶었어요.
　나: 기분이 상했겠어요. 하지만 _____

4) 사람이 없다, 음악을 크게 틀다

　가: 해변에 사람도 없는데 음악 소리를 좀 크게 할까요?
　나: 아니요. _____

5) 꽃이 예쁘다, 함부로 꺾다

　가: 이 꽃이 정말 예쁘네요. 좀 꺾어 갈까요?
　나: 안 돼요. _____

6) 쓰레기통이 없다, 아무데나 버리다

　가: 다 먹은 음료수 병을 버릴 곳이 안 보이네. 그냥 저기에 올려 놓고 갈까?
　나: 안 돼. _____

2 <보기>와 같이 대화를 완성하십시오.

보기

큰 소리가 나다, 놀라지 말다

가: 밖에 무슨 일이 있는지 하루 종일 시끄럽네요.
나: 하수도 공사 중이래요. <u>큰 소리가 나더라도 놀라지 말라고 했어요.</u>

---

1) 밤을 새다, 완성을 못하다

가: 잔느 씨, 제가 좀 도와줄까요?
나: 네. 고마워요. 저 혼자서는 _____ -(으)ㄹ 것 같다

2) 메달을 못 따다, 끝까지 최선을 다하다

가: 이번 올림픽이 첫 경기인데 각오 좀 이야기해 주십시오.
나: 네. 첫 경기라서 긴장도 되지만 _____ -(으)ㄹ 것이다

3) 힘들다, 포기하다

가: 계속 면접에서 떨어지니까 너무 힘들어요.
나: 아니에요. 아무리 _____ -지 말다

4) 여유가 없다, 운동을 꾸준히 하다

가: 공부하면서 아르바이트하는데 운동까지 챙기려니 쉽지 않네요.
나: 아무리 _____ -는 것이 좋다

5) 무료이다, 불법 다운로드를 하다

가: 유이 씨, 이 영화가 최신작인데 지금 무료로 다운로드 받을 수 있어요.
나: 아무리 _____ -(으)면 안 되다

6) 친한 친구이다, 말을 조심히 하다

가: 어제 친구한테 말실수를 해서 친구가 화가 났어.
나: 그래? 아무리 _____ -아/어/해야 하다

2과 배려와 예절 — 어휘와 표현2

예의 관련 표현

▶ <보기>에서 알맞은 것을 골라 글을 완성하십시오.

보기

예의가 없다   예의가 바르다   예의에 어긋나다   예의 있게 대하다

내가 한국에 처음 왔을 때 한국 예절에 대해서 잘 몰라서 실수를 많이 했다. 특히 높임말을 잘 몰라서 ㉠ _____ 는 행동을 하기도 했다. 그래서 종종 ㉡ _____ 다는 이야기를 듣기도 했다. 그 이후로 나는 한국 예절에 관한 책을 읽고 한국 예절을 체험하는 곳에도 다녀왔다. 지금은 누구에게나 ㉢ _____ 는 나의 모습을 보면서 만나는 사람마다 ㉣ _____ 다고 하면서 칭찬한다.

문법 1

동사 -아/어/해 대다

1 <보기>와 같이 대화를 완성하십시오.

> **보기**
>
> 음악을 크게 틀다
>
> 가: 재영 씨, 초인종을 몇 번이나 눌렀는데 못 들었어요?
> 나: 동생이 <u>음악을 크게 틀어 대서</u> 못 들었어요.

1) 옷을 사다

   가: 잔느 씨는 옷이 정말 많은 것 같아요.
   나: 모두 다 제 것이 아니라 동생 거예요.
   세일 할 때마다 ＿＿＿＿＿＿＿＿＿＿ 옷장이 꽉 차 버렸어요.

2) 잠만 자다

   가: 시영 씨, 휴일 잘 보냈어요?
   나: 아뇨. 휴일 내내 ＿＿＿＿＿＿＿＿＿＿
   하루가 어떻게 지나갔는지도 모르겠어요.

3) 드라마를 보다

   가: 시험은 잘 봤어요?
   나: 시험 기간에 머리를 식힌다고 ＿＿＿＿＿＿＿＿＿＿ 그런지
   잘 못 봤어요.

4) 한숨만 쉬다

   가: 오마르 씨, 잔느 씨가 무슨 일이 있어요? 기분이 안 좋아 보여요.
   나: 저도 모르겠어요. 계속 ＿＿＿＿＿＿＿＿＿＿
   저까지 힘이 빠지네요.

5) 하체 운동만 하다

   가: 오마르 씨, 왜 다리를 절뚝거려요?
   나: 하루 종일 ＿＿＿＿＿＿＿＿＿＿ 다리에 힘이 풀려서 그래요.

6) 노래를 부르다

   가: 켄타 씨, 왜 이렇게 목이 쉬었어요?
   나: 어제 노래방에서 ＿＿＿＿＿＿＿＿＿＿ 목이 쉬었어요.

2. <보기>와 같이 대화를 완성하십시오.

보기

휴대폰이 계속 울리다,
진동으로 바꾸다

가: 잔느 씨, 계속 전화를 했는데 왜 안 받았어요?
나: 친구의 문자에 휴대폰이 계속 울려 대서 진동으로 바꿨어요.

1) 가: 오마르 씨, 무슨 일이 있어요?

   나: 동생들이 계속 _____

   (싸우다, 걱정이다)

2) 가: 경치가 좋네요. 시영 씨는 사진 안 찍도 돼요?

   나: 찍고 싶어요. 그런데 어제 _____

   (사진을 찍다, 용량이 꽉 차다)

3) 가: 저 작가의 드라마는 내용이 똑같은 것 같아요.

   나: 맞아요. 주인공들이 매일 똑같은 _____

   (이야기를 하다, 지겹다)

4) 가: 두통약까지 먹고 머리가 많이 아파요?

   나: 네. 종일 시끄럽게 _____

   (공사를 하다, 머리가 아프다)

5) 가: 지난주에 본 영화는 어땠어요?

   나: 영화에 집중을 못 했어요. 옆에 앉은 사람이 _____

   (휴대폰을 사용하다, 신경이 쓰이다)

6) 가: 룸메이트가 기숙사 경고를 받았다면서요?

   나: 네. _____

   (기숙사 규칙을 어기다, 경고를 받다)

문법 2

동사 -는 바람에

1 <보기>와 같이 대화를 완성하십시오.

> **보기**
> 약속을 깜빡 잊다
>
> 가: 마이클 씨, 오늘 약속이 있다고 하지 않았어요?
> 나: 네. 그런데 <u>약속을 깜빡 잊는 바람에</u>
> 약속 장소에 못 나갔어요.

1) **안내문을 잘못 읽다**
   가: 오마르 씨, 박물관 투어는 잘 다녀왔어요?
   나: 아니요. _____ 투어를 다 못 끝냈어요.

2) **배달이 늦게 오다**
   가: 저녁밥을 왜 이렇게 늦게 먹어요?
   나: _____ 지금 먹게 됐어요.

3) **비행기가 연착되다**
   가: 어제 태풍이 왔다고 하던데 비행기는 잘 탔어요?
   나: 타기는 했는데 _____ 오래 기다려야 했어요.

4) **화재 경보기가 울리다**
   가: 사람들이 왜 다 밖에 나와 있어요?
   나: _____ 모두 밖으로 나와 있는 거래요.

5) **연습을 충분히 못하다**
   가: 어제 첫 프레젠테이션은 잘 했어요?
   나: _____ 실수를 많이 했어요.

6) **길을 잘못 들다**
   가: 시영 씨, 오늘 행사에 왜 이렇게 늦은 거예요?
   나: 제가 운전이 조금 서툴러요.
   그래서 _____ 늦었어요.

2 <보기>와 같이 대화를 완성하십시오.

보기

시끄럽게 떠들다,
공부하기 힘들다

가: 도서관에서 시험공부는 많이 했어요?

나: 아니요. 어떤 사람이 <u>시끄럽게 떠드는 바람에</u> <u>공부하기가 힘들었어요.</u>

1) 가: 방이 왜 이렇게 지저분해졌어요?

   나: 요즘 바빠서 _____

   (청소를 안 하다, 더러워지다)

2) 가: 잔느 씨, 오늘은 자동차를 안 타고 왔네요.

   나: _____

   (자동차가 고장 나다, 버스를 타고 오다)

3) 가: 손님, 음식이 입에 안 맞으셨나요? 많이 남기셨네요.

   나: 아니요. _____

   (음식을 너무 많이 시키다, 많이 남다)

4) 가: 재영 씨, 아직 과제를 다 못했어요?

   나: 어제 다 하기는 했는데요. _____

   (갑자기 컴퓨터가 꺼지다, 데이터가 다 날아가다)

5) 가: 어제 _____

   (비가 많이 오다, 체험 활동이 모두 취소되다)

   나: 아이고, 기대를 많이 했는데 아쉬웠겠어요.

6) 가: 앗, _____

   (문이 세게 닫히다, 깜짝 놀라다)

   나: 괜찮아요? 바람 때문에 갑자기 닫힌 것 같아요.

▶ 2과 긴 글 쓰기 원고지

▶ **2과 긴 글 쓰기 원고지**

2. 배려와 예절

3과 직업의 변화 — 어휘와 표현1

직업의 변화 관련 어휘 및 표현

▶ <보기>에서 알맞은 것을 골라 문장을 완성하십시오.

보기

| 워라밸 | N잡러 | 평생 직업 |
| 취미로 돈을 벌다 | 직업을 여러 개 갖다 | 일과 생활을 구분하다 |

1) 은퇴할 때까지 계속 일할 수 있는 _____ 은 점차 사라지고 있다.

2) 회사를 다니면서 아르바이트나 다른 일을 하는 등 _____ 사람들이 늘어나고 있다.

3) 최근 조사에 따르면 두 가지 이상의 직업을 가지고 사는 _____ 가 늘어나고 있다고 한다.

4) 이제는 혼자 즐기던 일도 직업이 될 수 있다. 다시 말해_____ 수 있게 된 것이다.

5) '퇴근 후의 여유 있는 삶'에 대한 관심이 높아지면서 회사의 _____ 을 중요하게 생각하는 사람도 많아졌다.

6) 젊은 사람들은 퇴근 후나 주말에는 업무 연락을 전혀 받지 않고 여가 생활에 집중하는 등 _____

문법 1

동사 -는/ㄴ다면 / 형용사 -다면

1 <보기>와 같이 대화를 완성하십시오.

보기
| 다른 나라에서 살 수 있다, 캐나다에서 살다 | 가: 다른 나라에서 살 수 있다면 캐나다에서 살고 싶어요.
나: 왜요? 특별한 이유가 있어요? |

1) 내 아이의 이름을 짓다, '은수'라고 짓다

가: 나중에 _____ -고 싶어요
나: 좋은 이름이네요.

2) 이사를 가게 되다, 더 큰 집으로 가다

가: 혹시 _____ -고 싶어요
나: 지금 집은 조금 좁아요?

3) 돈을 많이 벌 수 있다, 어떤 일이라도 다 하다

가: 저는 _____ -(으)ㄹ 거예요
나: 저도요. 요즘 N잡러들이 많잖아요.

4) 다시 고등학생 때로 돌아가다, 더 열심히 공부하다

가: _____ -(으)ㄹ 거예요
나: 저는 친구와 많이 놀러 다닐 거예요.

5) 오늘 음식이 만족스럽다, 나중에 좋은 후기를 써 주다

가: _____ -(으)세요
나: 알겠습니다.

6) 몸이 많이 아프다, 오늘은 집에서 쉬라고 하다

가: 시영 씨가 _____ -(으)세요
나: 네. 그렇게 전달하겠습니다.

2 <보기>와 같이 대화를 완성하십시오.

> **보기**
>
> 바다가 안 보이다,
> 여기로 이사 오지 않다
>
> 가: 새로 이사한 집이 바다도 보이고 정말 좋네요.
> 나: 그렇죠? <u>바다가 안 보였다면 여기로 이사 오지 않았을 거예요.</u>

1) 참기름도 넣다,
   더 맛있다

   가: 시영 씨, 비빔밥 정말 잘 먹었어요. 맛있었어요.
   나: 고마워요. 하지만 _____ -(으)ㄹ 거예요

2) 태국어를 할 줄 알다,
   여행이 더 편하다

   가: 태국 여행은 잘 다녀왔어요?
   나: 네. 정말 최고였어요.
   그런데 제가 _____ -(으)ㄹ 거예요

3) 휴대폰을 찾으러 가지 않다,
   시험 시간에 늦지 않다

   가: 무슨 일 있었어요? 힘이 없어 보여요.
   나: 오늘 아침에 택시에 휴대폰을 두고 내리는 바람에
   시험 시간에 많이 늦었어요.
   _____ -(으)ㄹ 거예요

4) 조금 저렴하다,
   바로 사다

   가: 이 옷이 샤오민 씨한테 잘 어울릴 것 같아요.
   나: 저도 마음에 드는데 좀 비싸네요.
   _____ -(으)ㄹ 텐데요

5) 키가 더 크다,
   손이 닿다

   가: 유이 씨, 위쪽에 있는 책을 꺼내려고요?
   나: 네. 그런데 손이 안 닿네요.
   _____ -(으)ㄹ 텐데요

6) 급한 일이 아니다,
   내일 하다

   가: 아직도 일하고 있어요?
   나: 네. 이 일은 오늘 안에 끝내야 해서요.
   _____ -(으)ㄹ 텐데요

문법 2

명사 은/는커녕

1 <보기>와 같이 대화를 완성하십시오.

> **보기**
>
> 업무 연락,
> 일은 생각도 안 하다
>
> 가: 요즘은 일 좀 많아서 집에 가서도 일을 하고 있어요.
> 나: 저는 퇴근 후에는 <u>업무 연락은커녕 일은 생각도 안 해요</u>.

① 밥,
물도 안 마시다

가: 유이 씨는 평소에 아침밥 먹어요?
나: 아니요. 저는 아침에 _____

② 김치찌개,
라면도 못 끓이다

가: 원석 씨는 김치찌개를 잘 끓여요?
나: 아니요. 저는 _____

③ 폭우,
비가 한 방울도 안 내리다

가: 부산에 태풍이 지나갔다고 들었는데 괜찮았어요?
나: 태풍이 온다더니 _____

④ 구경,
제대로 움직이지도 못하다

가: 어제 불꽃 축제에 사람이 많았어요?
나: 네. 정말 많았어요. 그래서 _____

⑤ 30분,
종일 걸리다

가: 회의 자료를 보내고 있는데 와이파이 속도가 너무 느리네요.
나: 이 속도로는 _____ -(으)ㄹ 것 같다

⑥ 50점,
20점도 못 받다

가: 드디어 기말고사가 끝났네요. 켄타 씨는 시험 잘 쳤어요?
나: 모르는 문제만 나왔어요.
_____ -(으)ㄹ 것 같다

2 <보기>와 같이 대화를 완성하십시오.

보기

실력이 늘다,
계속 실수만 하다

가: 요즘 춤 연습은 잘 돼 가요?
나: 아니요. 매일 연습해도 <u>실력이 늘기는커녕 계속 실수만 해요</u>.

① 지치다,
힘이 나다

가: 몇 시간을 계속 강의를 하면 힘들지 않아요?
나: 아니요. 학생들을 보면 _____

② 이해가 되다,
더 모르겠다

가: 타오 씨, 제가 하는 말 이해했죠?
나: 아무리 이야기를 들어도 _____

③ 지원자가 적다,
작년보다 더 많다

가: 요즘 다른 회사는 지원자가 부족하다고 하던데 우리 회사는 _____ -(으)ㄴ 것 같다
나: 인기가 많은 회사는 항상 지원자들이 몰리더라고요.

④ 잠이 깨다,
더 피곤하다

가: 커피를 마셔도 _____ -(으)ㄴ 것 같다
나: 그럼, 커피를 마시지 말고 잠을 좀 자는 게 어때요?

⑤ 당황하다,
침착하게 대응하다

가: 어제 열차 사고가 있었는데 승무원들이 사고 대처를 아주 잘했대요.
나: 저도 그 뉴스를 들었어요. _____ -다고 하다

⑥ 이기다,
아무 힘도 못 쓰고 지다

가: 첸 씨가 이길 거라고 큰소리 치던 유도 시합 결과는 어떻게 됐대요?
나: 아, 그거요. _____ -다고 하다

3과 직업의 변화 — 어휘와 표현2

직업의 변화 관련 표현

▶ <보기>에서 알맞은 것을 골라 문장을 완성하십시오.

> **보기**
>
> 인구가 감소하다   새로운 기술이 등장하다   새로운 직업이 생겨나다
>
> 생활 방식이 바뀌다   기계가 사람의 일을 대신하다

1. 스마트폰의 등장은 우리의 _____-게 된 큰 사건 중 하나입니다.

2. _____-(으)면서 작은 학교들은 학생 수가 부족해서 문을 닫고 있습니다.

3. AI, 스마트팜 등 _____-(으)ㄴ 덕분에 우리의 일상 생활이 빠르게 변화하고 있습니다.

4. 시대에 따라 직업이 사라지기도 하지만 반대로 _____ 기도 합니다.

5. 기술의 발전으로 _____-(으)면서 사람들의 일자리에 대한 걱정이 커져가고 있습니다.

문법 1

명사 (으)로 인해(=인하여)

1 <보기>와 같이 문장을 완성하십시오.

> **보기**
>
> 뛰어난 노래 실력, 모두에게 인정 받다 | 가수 지수는 <u>뛰어난 노래 실력으로 인해 모두에게 인정받았습니다</u>.

① 드라마 촬영, 일부 도로가 막히다 _____

② 나의 오해, 친구와 사이가 멀어지다 _____

③ 나의 갑작스러운 결혼 발표, 놀라서 소리를 지르다   아버지는 _____

④ 큰 일교차, 감기에 걸리기 쉽다   오늘은 _____

⑤ 안 좋은 소문, 피해를 입고 있다   배우 수민이 _____

⑥ 건조한 날씨, 산불이 자주 발생하다   봄에는 _____

2 알맞은 것을 골라 <보기>와 같이 대화를 완성하십시오.

기후 변화	기술 발전	1인 가구 증가
스마트폰 사용	우주 기술 발전	정부의 창업 지원
플라스틱 사용 증가		

보기 가: 스마트폰이 우리 삶에 어떤 영향을 끼쳤다고 생각하세요?

나: <u>스마트폰 사용으로 인해</u> 삶이 편리해졌지만 중독 등의 문제도 생겼습니다.

1 가: 기술 발전이 우리 삶에 어떤 영향을 줬을까요?

나: _____ 삶은 편리해졌지만 일자리 감소 등 새로운 문제가 생겼습니다.

2 가: 플라스틱 문제, 어떻게 해결해야 할까요?

나: _____ 환경 오염이 심각합니다. 플라스틱 사용을 줄이고 분리수거를 잘해야 합니다.

3 가: 기후 변화, 해결 방안이 있을까요?

나: _____ 자연재해가 늘고 있습니다. 지구 온난화를 막기 위해서는 여러 나라가 협력해야 합니다.

4 가: 우리도 우주여행을 갈 수 있을까요?

나: 물론이지요. _____ 우주여행 비용이 낮아지고 있어 곧 우주여행을 갈 수 있는 시대가 올 겁니다.

5 가: 청년 창업이 늘어난 이유는 뭘까요?

나: _____ 많은 청년들이 창업에 도전하고 있는 것 같습니다.

6 가: 요즘 강아지 키우는 사람들이 많이 늘어난 것 같아요.

나: 실제로 최근 몇 년 동안 _____ 반려동물을 키우는 사람들이 많이 늘어났습니다.

문법 2

명사 (이)든

1 <보기>와 같이 대화를 완성하십시오.

> **보기**
> 집, 도서관
> 가: 나는 집에서는 공부가 잘 안 돼. 마이클, 넌 어때?
> 나: 난 항상 집에서 공부해. <u>집이든 도서관이든</u> 집중할 수 있는 분위기가 중요한 것 같아.

1) **밥, 빵**
   가: 지금 배가 너무 고파요. 아침에 바빠서 밥 먹을 시간이 없었거든요.
   나: 아무리 바빠도 _____ 조금은 챙겨 먹어야지요.

2) **버스, 택시**
   가: 약속 시간에 늦겠어요. 택시 탈까요?
   나: 택시가 잘 안 보여요. 일단 _____ 빨리 오는 걸 타고 가요.

3) **성공, 실패**
   가: 한국어 퀴즈 대회에서 아쉽게 떨어졌어요. 실수만 안 했어도.
   나: 너무 실망하지 마요. _____ 경험하는 것이 더 중요하다고 생각해요.

4) **국내 여행, 해외여행**
   가: 엘레나 씨는 여행을 정말 좋아하는 것 같아요.
   나: 맞아요. _____ 여행은 항상 설레거든요.

5) **문자 메시지, 메일**
   가: 제가 손님들에게 보낸 안내문의 정보가 잘못된 것 같아요. 어떡하죠?
   나: 일단 _____ 보내서 다시 안내해야 할 것 같아요.

6) **친구, 가족**
   가: 요즘 학교 생활이 너무 힘들어.
   나: 고민이 있으면 나한테 말해 봐. _____ 힘들 때 의지할 수 있는 사람이 있어야 하잖아.

2 알맞은 것을 골라 <보기>와 같이 대화를 완성하십시오.

| 무엇 | 언제 | 어디 | 누구 |

보기
가: 이번 프로젝트를 맡겨도 괜찮겠어요?
나: 걱정 마세요. <u>무엇이든</u> 최선을 다하겠습니다.

1) 가: 우리 저녁에 뭐 먹을까요?
   나: 유이 씨가 먹고 싶은 거 먹어요. 저는 _____ 가리지 않고 잘 먹거든요.

2) 가: 내일 모임 장소가 길이 복잡한데 잘 찾아올 수 있겠어요?
   나: 문제 없어요. 요즘은 지도 앱만 있으면 _____ 다 찾아갈 수 있잖아요.

3) 가: 매번 힘들 때마다 도와주셔서 정말 고마워요.
   나: 아니에요. _____ 필요하면 연락하세요.

4) 가: 다음 주에 랑스 대학 축제에 유명한 가수가 온대.
   나: 정말? 대학 축제는 _____ 즐길 수 있으니까 우리도 한 번 가 보자.

5) 가: 어떻게 하면 옷을 잘 입을 수 있을지 고민이야.
   나: 그런 건 걱정할 필요 없어. _____ 자신감이 가장 중요하다고 생각해.

6) 가: 피아노를 배우고 있는데 양손으로 치는 게 너무 어려워.
   나: _____ 처음에는 다 어렵지. 연습하면 괜찮아질 거야.

▶ 3과 긴 글 쓰기 원고지

3과 긴 글 쓰기 원고지

3. 직업의 변화

4과 언어의 변화 어휘와 표현1

신조어 관련 표현

▶ <보기>에서 알맞은 것을 골라 글을 완성하십시오.

보기

의미가 담겨 있다	재미를 더하다
상황과 맥락에 맞다	다른 세대와 소통하다
새로운 문화를 반영하다	시대의 변화와 함께하다

    신조어는 기존의 단어를 변형하거나 외래어와 결합해서 만들어지는 짧은 단어지만 그 속에는 사회의 변화와 흐름을 보여 주는 깊은 ㉠ _____ 예를 들어 여럿이 함께 밥을 먹거나 활동하는 것을 선호한 과거와 다르게 최근 1인 가구가 늘어나면서 혼자 밥을 먹는 것을 의미하는 '혼밥', 혼자 여행하는 것을 뜻하는 '혼행' 등 ㉡ _____ -는 단어들이 생겨난 것이다. 신조어 사용은 구세대와 신세대 간의 사고 방식의 차이를 줄이며 ㉢ _____ -(으)ㄹ 수 있게 해 주다 또한 새로운 아이디어로 만들어진 단어는 의미뿐만 아니라 ㉣ _____ -기도 하다 하지만 단순히 재미만을 위해 신조어를 함부로 사용하다가는 언어 예절에 어긋날 수 있기 때문에 반드시 ㉤ _____ -게 사용해야 한다. 신조어는 과거의 과거에도 있었고 앞으로도 계속 생겨날 것이다. 이렇게 ㉥ _____ -는 신조어의 다음 모습이 기대된다.

문법 1

동사 -고 보다

1 <보기>와 같이 대화를 완성하십시오.

보기

| 내 말을 다 듣다, 이해가 되다 | 가: 무슨 말인지 잘 모르겠어요.
나: 내 말을 다 듣고 보면 이해가 될 거예요. |

1) 알다, 마음이 따뜻한 사람이다

   가: 오마르 씨는 인상이 좀 차가워 보이네요.
   나: _____

2) 한 입 먹다, 더 먹고 싶어지다

   가: 지금 배가 불러서 별로 안 먹고 싶어요.
   나: _____

3) 제일 중요한 일부터 시작하다, 다른 일도 할 수 있다

   가: 할 일이 많은데 무슨 일부터 해야 할지 모르겠어요.
   나: _____

4) 지금 쉬다, 다시 출발하기가 더 힘들다

   가: 조금만 쉬었다가 갈까요?
   나: _____

5) 시간이 지나다, 모든 문제가 해결되다

   가: 이 일이 언제쯤 해결될까요?
   나: _____

6) 밤을 새워 공부하다, 다 하다

   가: 시험 공부할 게 많아서 걱정이야.
   나: _____

2 <보기>와 같이 문장을 완성하십시오.

> **보기**
>
> 선생님의 설명을 듣다, | 선생님의 설명을 듣고 보니 쉽게 이해가 되었다.
> 쉽게 이해가 되다 |

① 옷을 입다,
　거꾸로 뒤집어 입다　_____

② 버스를 타다,
　지갑에 교통 카드가 없다　_____

③ 나이가 들다,
　건강이 제일 중요하다　_____

④ 택배를 받다,
　내가 주문한 것과 다르다　_____

⑤ 약속을 잡다,
　이미 선약이 있는 날이다　_____

⑥ 서둘러 빈자리에 앉다,
　노약자석이다　_____

문법 2

동사 -는 줄 / 형용사 -(으)ㄴ 줄 / 명사 인 줄

1 <보기>와 같이 대화를 완성하십시오.

보기

| 한국어에 높임말이 이렇게 많다, 모르다 | 가: <u>한국어에 높임말이 이렇게 많은 줄 몰랐어요.</u>
나: 네. 외국인들이 외우기가 조금 어려운 부분이에요. |

1) 한국 음식을 좋아하다, 모르다

가: 오마르 씨가 _____
나: 저랑 하루에 한 번은 꼭 한식을 먹으러 가요.

2) 음식을 먹으면 안 되다, 모르다

가: 여기서 음식을 드시면 안 됩니다.
나: 죄송해요.
안내판이 없어서 _____

3) 복도를 물청소하다, 모르다

가: 어쩌다가 다리를 다쳤어요?
나: _____
뛰어 가다가 미끄러졌어요.

4) 햇빛이 좋아서 따뜻하다, 알다

가: 옷이 얇은 것 같은데 춥지 않아요?
나: _____ 아직 춥네요.

5) 유명 배우가 많이 출연하니까 재미있다, 알다

가: 새로 나온 영화 봤지요? 어땠어요?
나: _____
생각보다 별로였어요.

6) 월요일이다, 모르다

가: 어서 일어나서 학교에 갈 준비해야지.
나: 앗, 엄마. _____

2 <보기>와 같이 문장을 완성하십시오.

보기

| 높임말을 써야 하다, 모르다 | 나보다 나이가 많은 사람에게 반말을 써도 되는 줄 알았어요. <u>높임말을 써야 하는 줄 몰랐어요.</u> |

1) 벌써 문을 닫다, 모르다 — 은행이 아직 영업을 하는 줄 알았어요.
   _____

2) 시간이 빨리 지나다, 모르다 — 너무 재미있어서 시간이 얼마 안 지난 줄 알았어요.
   _____

3) 합격하다, 모르다 — 이번 시험에는 공부를 열심히 안 해서 불합격할 줄 알았어요.
   _____

4) 요즘처럼 덥다, 모르다 — 한국의 가을 날씨는 시원한 줄 알았어요.
   _____

5) 날씨가 맑다, 모르다 — 날씨가 흐려서 비가 올 줄 알았어요.
   _____

6) 외국 사람이다, 모르다 — 한국말을 잘해서 한국인인 줄 알았어요.
   _____

4과 언어의 변화   어휘와 표현2

비유 관련 표현

▶ <보기>에서 알맞은 것을 골라 문장을 완성하십시오.

보기

물 쓰듯이	별이 쏟아질 듯이
가뭄에 콩 나듯이	파도가 밀려오듯이
시간이 멈춘 듯이	물고기가 물 만난 듯이

1. 입사 시험 합격 소식에 _____ 기뻤다.

2. 현재와 같이 자원을 _____ 쓰다가는 곧 에너지가 부족해질 것이다.

3. 전통 한옥 마을의 모습은 _____ 옛 모습 그대로이다.

4. 여름밤 시골 하늘에서는 _____ 많이 반짝거리고 있었다.

5. 첸 씨는 평소에는 조용한데 노래방에만 가면 _____ 노래를 잘 부른다.

6. 이 도시에서는 젊은 사람을 보기가 _____ 어렵다.

문법 1

동사 -다시피

1 <보기>와 같이 대화를 완성하십시오.

> **보기**
>
> 아시다   가: <u>아시다시피</u> 한글은 과학적이라서 배우기가 쉽습니다.
>
> 나: 맞습니다. 하지만 한국어는 배우기가 쉽지 않습니다.

1) **뉴스에서 듣다**

   가: _____ 이번 주부터 장마가 시작된대요.

   나: 비 피해 없이 잘 지나면 좋겠네요.

2) **SNS에서 소개되다**

   가: 저 가게가 _____ 유명한 맛집이에요.

   나: 그래서 저렇게 사람들이 줄을 서서 기다리는군요.

3) **여기 써 있다**

   가: 손님, _____ 꽃다발은 공연장에 가지고 들어갈 수 없습니다.

   나: 제가 미처 보지 못했네요. 죄송합니다.

4) **누구나 알다**

   가: 주말에 부산 여행 가서 뭐가 좋았어요?

   나: _____ 부산은 해양 도시라서 바다를 실컷 보고 왔어요.

5) **아까 말하다**

   가: 선생님, 이 숙제 언제까지 제출해야 되나요?

   나: _____ 이번 주 금요일까지예요.

6) **지도 앱에서 보다**

   가: 여기서 목적지까지 얼마나 걸릴까요?

   나: _____ 승용차로 1시간쯤 걸리네요.

2 <보기>에 주어진 표현과 어울리는 문장을 완성하십시오.

보기

| 뛰는 것처럼 | 늦잠을 자서 지각하지 않으려고 <u>뛰다시피</u> 출근을 했다. |

1) **굶는 것처럼**   거의 _____ 밥을 먹지 않는 다이어트는 건강에 좋지 않다.

2) **사는 것처럼**   도서관에서 _____ 공부한 덕분에 좋은 성적을 받았다.

3) **나는 것처럼**   고속 기차가 얼마나 빠른지 _____ 달린다.

4) **먹는 것처럼**   이렇게 맛있는 음식은 매일 _____ 해도 질리지 않는다.

5) **만드는 것처럼**   이 작품은 초등학생이 다른 사람의 도움 없이 혼자 _____ 한 것이다.

6) **밤을 새는 것처럼** 일손이 부족해서 요즘에는 _____ 야근을 하고 있다.

문법 2

동사/형용사 -듯이 / 명사 인 듯이

1 <보기>와 같이 문장을 완성하십시오.

보기

| 곧 비가 올 것 같다, 흐리다 | 하늘이 <u>곧 비가 올 듯이 흐려요.</u> |

1) 물 쓰는 것 같다, 펑펑 써 버리다
   시영 씨는 돈 아까운 줄 모르고 _____

2) 밥 먹는 것 같다, 자주 하다
   그 사람은 거짓말을 _____ 도저히 믿을 수가 없다.

3) 쥐 죽은 것 같다, 조용해지다
   시험 시작을 알리는 방송을 듣고 학생들은 _____

4) 뛸 것 같다, 기뻐하시다
   부모님께서는 형의 취직 소식을 듣고 _____

5) 날아갈 것 같다, 가볍다
   부담스러운 일이 끝나서 마음이 _____

6) 바늘과 실인 것 같다, 항상 붙어 다니다
   유이 씨와 타오 씨는 _____

2 <보기>와 같이 대화를 완성하십시오.

> 보기
>
> 가: 최근 젊은 학생들이 신조어를 많이 사용하는 것 같아요.
>
> 나: 신조어는 짧은 단어로 편리하게 의미를 전달할 수 있어서 많이 <u>사용하는 듯해요</u>.

1) 가: 혼자 사는 사람들은 강아지보다 고양이를 많이 키운다고 해요.

   나: 고양이는 강아지보다 외로움을 덜 느낀다고 하니 1인 가구에서 많이 _____

2) 가: 예전에는 지하철에서 종이책을 읽는 사람들이 많았는데 요즘은 그렇지 않네요.

   나: E-북이나 웹툰 같은 전자책을 보니까 종이책을 거의 _____

3) 가: 켄타 씨가 다음 달에 귀국하려고 결정했다는 소식 들었어요?

   나: 네. 귀국한 후에 고향에서 취직을 하려고 마음을 _____

4) 가: 샤오민 씨, 선생님이 오늘까지 숙제를 하라고 하셨는데 잊어버리신 것 같지요?

   나: 네. 숙제를 제출하라는 말씀을 안 하시는 걸 보니까 _____

5) 가: 올해 여름은 정말 더운데 내년에도 더울까요?

   나: 온난화 현상이 점점 심해지니까 내년에도 _____

6) 가: 어, 저 사람 영화에서 _____ 영화 배우 아니에요?

   나: 저도 영화에서 본 것 같은데 이름은 기억이 안 나네요.

▶ 4과 긴 글 쓰기 원고지

▶ 4과 긴 글 쓰기 원고지

4. 언어의 변화

5과 식품과 영양 — 어휘와 표현1

영양소 관련 어휘 및 표현

▶ 아래 문장을 읽고 나의 식습관을 체크해 보십시오.

- ☑ 나는 어제 필수 영양소를 대부분 섭취한 셈이다.
- ☐ 우리 가족은 건강한 밥상을 차리려고 노력한다.
- ☐ 나는 음식을 만들 때 영양에 균형을 맞추려고 한다.
- ☐ 규칙적으로 식사를 하는 편이다.
- ☐ 과일과 채소를 즐겨 먹는 편이다.

- ☐ 탄수화물과 지방을 많이 섭취한 것 같다.
- ☐ 배달앱으로 주문하거나 외식을 자주 한다.
- ☐ 좋아하거나 간단한 음식을 주로 만든다.
- ☑ 나는 불규칙적인 식사를 하는 편이다.
- ☐ 나는 고기보다 채소를 덜 섭취하는 편이다.

단백질

탄수화물

지방

비타민

무기질

문법 1

동사 -고자

1 <보기>와 같이 대화를 완성하십시오.

> **보기**
>
> 내 발표를 마무리하다
>
> 가: 오늘 김치의 역사에 대해 잘 들었습니다.
> 나: 그럼, 이것으로써 오늘 <u>제 발표를 마무리하고자 합니다</u>.

1) **드리다**

   가: 엘레나 씨, 마지막으로 한 말씀해 주시겠습니까?
   나: 오늘 참석해 주신 분들께 감사의 인사를 _____

2) **토론하다**

   가: 이 시간에는 인스턴트 음식의 장점과 단점에 대해서 _____
   나: 네. 알겠습니다.

3) **배워 보다**

   가: 오늘 이 시간에는 대체 식량에 대해서 _____
   나: 대체 식량이 뭐예요?

4) **제한하다**

   가: 관람객의 안전을 위해 입장 인원을 _____
   나: 한 번에 몇 명이 들어갈 수 있어요?

5) **찾아보다**

   가: 식사 순서를 통해 과식하지 않는 방법을 _____
   나: 어떤 순서로 먹으면 좋아요?

6) **저장하다**

   가: 고객 자료를 모으기 위해 고객의 이름과 전화번호를 _____ 동의하십니까?
   나: 네. 동의합니다.

2 <보기>와 같이 문장을 완성하십시오.

> **보기**
>
> | 서비스를 제공하다 | 고객을 위해서 좋은 <u>서비스를 제공하고자</u> 앞으로도 노력하겠습니다. |

1) **코칭을 받다** 다음 달에 멘탈 케어 _____ 상담 센터를 방문할 계획입니다. 추천 좀 해 주세요.

2) **바다를 보호하다** _____ 이번 캠페인을 준비했습니다. 함께해 주십시오.

3) **장애인을 이해하다** _____ 비장애인과 함께 장애인 체험을 하려고 합니다. 누구나 참여할 수 있습니다.

4) **프로그램을 제공하다** 10월 꽃축제에 다양한 _____ 여러분의 의견을 받고 있습니다. 많이 참여해 주십시오.

5) **플라스틱 사용을 줄이다** 우리 가게에서는 _____ 일회용 컵을 제공하지 않습니다.

6) **혼자만의 시간을 가지다** 이번 콘서트가 끝나고 _____ 여행을 떠나려고 합니다. 사진을 공유하겠습니다.

문법 2

동사/형용사 -더군(요)

1 <보기>와 같이 대화를 완성하십시오.

보기

| 장어 비린내를 없애 주니까 좋다 | 가: 장어 덮밥을 먹을 때 생강이랑 먹어 보니까 어때요?
나: <u>장어 비린내를 없애 주니까 좋더군요</u>. |

1) **눈이 떠지다**

가: 클래식 알람 소리가 참 듣기 좋네요.

나: 저는 그냥 알람 소리보다 음악 소리에 _____

2) **입맛에 안 맞다**

가: 건강식이 맛은 별로 없는 것 같아요.

나: 저도 건강식은 _____

3) **많이 알고 있다**

가: 마르완 씨는 건강에 신경을 정말 많이 쓰지요?

나: 그런 것 같아요. 건강한 맛집을 정말 _____

4) **일이 너무 많다**

가: 요즘도 많이 바쁘세요?

나: 네. 프로젝트를 신청하고 보니까 _____

5) **인기가 많기는 하다**

가: 중국에서는 차 음료가 몸에 좋다는 이미지가 있대요.

나: 그렇죠? 중국에 가 보니까 차 음료 _____

6) **건강한 맛이다**

가: 일본 편의점에는 스무디 종류가 정말 다양하더라고요.

나: 맞아요. 어제는 그린 스무디를 먹어 봤는데

정말 _____

2 <보기>와 같이 대화를 완성하십시오.

> 보기
>
> | 맛 그대로 만들다 | 가: 어제 먹은 마라탕은 정말 고향의 맛이 났어요. |
> |---|---|
> | | 나: 중국 사천의 <u>맛 그대로 만들었더군요</u>. |

1) 인기를 끌다

　가: 코로나 이후에 큰 컵 음료 판매가 증가했대요.

　나: 기사를 보니까 모임이 많아지면서부터 _____

2) 전원 참석하다

　가: 지난번 회의 때 모두 참석했어요?

　나: 네. 재영 씨만 빼고 _____

3) 1위를 차지하다

　가: 요즘 어떤 종류의 주스가 잘 팔려요?

　나: 과채 주스가 _____

4) 정말 예쁘다

　가: 배우 지수 씨는 정말 인형처럼 예뻐요.

　나: 사진을 보니까 어릴 때도 _____

5) 마음을 잘 모르다

　가: 타오 씨와 오해를 풀었어요?

　나: 네. 그때는 제가 타오 씨의 _____

6) 증세가 더 심해지다

　가: 환 씨 향수병은 좀 어때요?

　나: 어제 통화했는데 나아지기는커녕 _____

5과 식품과 영양   어휘와 표현2

음식 궁합 관련 표현

▶ <보기>에서 알맞은 것을 골라 글을 완성하십시오.

> 보기
>
> 최고의 영양식이다   영양소가 충분하다   에너지가 보충되다
>
> 영양이 배가 되다   음식 궁합이 맞다/맞지 않다

> 배우 강석진 씨는 ㉠ _____ -(으)면서 초간단 다이어트 식단 꿀팁을 공개했다. "달걀 2개와 아보카도를 같이 넣어서 으깬 후 샌드위치로 만들어 먹어 보세요. 맛과 ㉡ _____ -아/어/해요. 특히 아침에 달걀을 먹으면 ㉢ _____ -고 점심까지 배도 고프지 않더라고요." 강석진 씨의 말처럼 달걀은 고단백 식품으로 비타민 A, B, 셀레늄 등 ㉣ _____ -히 함유돼 있다. 아보카도 역시 다이어트에 도움이 되는 식품으로 식이섬유가 사과 4개만큼이나 들어있다. 이렇게 달걀과 아보카도는 몸에 필요한 영양을 주고 서로 부족한 영양을 보충해 줘 ㉤ _____ -는/(으)ㄴ 셈이다

문법 1

명사 치고(는)

1 <보기>와 같이 두 문장의 의미가 같도록 문장을 완성하십시오.

> 보기
>
> 올해 핸드폰 신상이 나왔는데 가격이 많이 올랐더라고요.
> → <u>신상치고</u> 가격이 안 오르는 제품이 없잖아요.

1) 한국 사람들은 모두 그 가수의 노래를 알아요.
   → _____ 그 가수의 노래를 모르는 사람이 없어요.

2) 건강하게 살고 싶은 사람들은 다 운동을 열심히 하더라고요.
   → _____ 운동을 안 하는 사람이 없더라고요.

3) 편의점에서 파는 도시락은 다 짠 것 같아요.
   → _____ 안 짠 도시락이 없더라고요.

4) 경주를 방문하는 관광객은 모두 불국사를 꼭 가더라고요.
   → _____ 불국사를 안 가는 관광객이 없더라고요.

5) 혼자 살면서 배달 음식을 많이 시켜 먹어서 그런지 식비가 많이 나가요.
   → _____ 배달 음식 비용이 안 높은 사람이 없더라고요.

2 <보기>와 같이 같은 뜻을 가진 문장끼리 연결하십시오.

보기

| 보통 다른 중국집 세트 음식은 양이 많아요. | → | 이 중국집 메뉴는 세트 메뉴치고는 양이 적은 것 같아요. |

1) 겨울 날씨는 보통 추워서 운동하기에 좋은 편은 아니에요.   •   • ㄱ) 에밀리 씨는 _____ 한국어를 정말 잘하는 것 같아요.

2) 시험공부를 많이 안 했지만 점수가 좋아요.   •   • ㄴ) 시영 씨가 _____ 점수가 잘 나왔어요.

3) 방값이 싸면 방이 그렇게 크지 않더라고요.   •   • ㄷ) 한 달 _____ 적게 나온 편이네요.

4) 감기 진료비는 보통 많이 나오지 않아요.   •   • ㄹ) _____ 방이 크더라고요.

5) 한국어를 아주 잘하는 외국인은 많지 않아요.   •   • ㅁ) _____ 따뜻해서 운동하기 좋아요.

6) 보통 생활비가 많이 나오는 편이에요.   •   • ㅂ) _____ 병원비가 많이 나온 거 아니에요?

문법 2

동사/형용사 -는/(으)ㄴ 셈이다

1 <보기>와 같이 같은 뜻을 가진 문장으로 바꿔 써 보십시오.

> **보기**
> 오늘 종일 밥 한 숟가락도 못 먹었어요.
> → 하루 내내 거의 굶은 셈이군요.

1) 요즘 커피숍 케이크 한 조각이 밥값이랑 비슷해요.
   → 요즘 커피숍 케이크 한 조각이 _____

2) 작년 우리나라 여성 1인당 출산율이 한 명이 안 된대요.
   → 부부 한 쌍이 아이를 _____

3) 인구 통계에 따르면 올해 우리나라 남녀 비율은 거의 여자 100명 당 남자 100명이래요.
   → 남자 인구와 여자 _____

4) 그 작가의 드라마 시청률이 35%까지 올라갔어요.
   → 세 명 중에 한 명은 _____

5) 친구가 코를 시끄럽게 골아서 한 시간마다 깼어요.
   → 한 시간마다 깼으면 _____

6) 몇 년 동안 한국인이 일본으로 여행을 가장 많이 간 것으로 조사되었어요.
   → 일본은 한국 여행객이 여행을 _____

2 알맞은 것을 골라 <보기>와 같이 대화를 완성하십시오.

> 여행을 가다   효과가 없다   괜찮다고 말하다
> 비싼 것은 아니다   이달도 다 지나다   제2의 고향이다

보기 가: 제주도 출장을 조심해서 잘 다녀오세요.

나: 중요한 일은 이미 다 끝냈어요. 이번 출장은 <u>여행을 가는 셈이에요</u>.

① 가: 오늘이 벌써 25일이네요. 시간이 정말 빨리 가는 것 같아요.

나: 이제 5일밖에 안 남았으니까 _____

② 가: 이 원룸은 방값이 좀 비싸지만 가구에 가전까지 다 딸려 있네요.

나: 방에 필요한 물품이 다 있으니까 방값이 _____

③ 가: 어제 먹은 두통약은 효과가 있었어요?

나: 아니요. 계속 머리가 아팠으니까 _____

④ 가: 샤오민 씨는 한국에 산 지 20년이 넘었지요?

나: 네. 올해로 22년이 되었어요. 한국은 _____

⑤ 가: 제 블로그에 타오 씨의 작품을 올려도 되냐고 물어봤어요?

나: 네. 타오 씨가 대답을 안 하는 걸로 봐서 _____

▶ 5과 긴 글 쓰기 원고지

▶ 5과 긴 글 쓰기 원고지

5. 사춘기와 영향

6과 마음 건강 어휘와 표현1

마음 건강 관련 표현

▶ <보기>에서 알맞은 것을 골라 대화를 완성하십시오.

보기

악몽을 꾸다	식욕이 없다
자신감을 잃다	예민하게 굴다
외로움을 느끼다	불안감을 느끼다

1) 가: 유학 생활은 어때요?

　　나: 고향이 그립고 _____ 때도 있지만 친구들이 있어서 즐거워요.

2) 가: 곧 졸업이네요. 엘레나 씨는 졸업하고 나서 뭐 할 거예요?

　　나: 모르겠어요. 아직 진로를 정하지 못해서 _____ 때도 있어요.

3) 가: 유이 씨가 오늘 짜증을 많이 내네요.

　　나: 요즘 잠을 못 자서 그런지 _____ 것 같아요.

4) 가: 오늘은 춤 연습 안 해요?

　　나: 못 하겠어요. 자꾸 실수를 해서 _____

5) 가: 어젯밤 공포 영화를 보던데 잠은 잘 잤어요?

　　나: 아니요. 거의 못 잤어요. 자기 전에 영화를 봐서 그런지 _____

6) 가: 감기에 걸려서 그런지 _____

　　나: 그래도 잘 챙겨 먹어야 빨리 나아요.

문법 1

동사/형용사 -고 해서

1 <보기>와 같이 대화를 완성하십시오.

보기

| 날씨가 건조하다, 자꾸 목이 마르다 | 가: 잔느 씨, 왜 그렇게 물을 자주 마셔요.
나: 요즘 날씨도 건조하고 해서 자꾸 목이 말라요. |

1) 밥을 잘 챙겨 먹다, 아무렇지 않다

   가: 첸 씨, 감기는 다 나았어요?
   나: 네. _____

2) 운동을 잘하다, 빈틈이 없다

   가: 유이 씨가 이번에도 성적 1등이네요.
   나: 맞아요. 게다가 _____

3) 화면이 많이 깨지다, 새로 바꾸고 싶다

   가: 샤오민 씨는 그 휴대폰을 정말 오래 쓰네요.
   나: 3년 됐어요. _____

4) 배는 멀미가 심하다, 타고 싶지 않다

   가: 시영 씨, 우리 배를 타고 일본 가 볼래요?
   나: 저는 괜찮아요. _____

5) 자주 밤을 새우다, 많이 피곤하기는 하다

   가: 요즘 많이 피곤해 보여요.
   나: 시험 기간이라서 _____

6) 분위기가 이국적이다, 가 보고 싶다

   가: 엘레나 씨, 이런 테마 카페는 어때요?
   나: 좋아요. _____

2 <보기>와 같이 대화를 완성하십시오.

보기

밤낮이 바뀌다,
생활이 불규칙하다

가: 요즘 야간 아르바이트를 시작했어요?
나: 네. 그런데 <u>밤낮도 바뀌고 생활도 불규칙하고 해서</u> 몸이 많이 힘드네요.

---

1 날이 덥다, 습도가 높다

가: 8월이라서 그런지 많이 덥네요.
나: 맞아요. _____ 밖에 나가기가 힘들어요.

2 재채기가 나다, 눈이 따갑다

가: 켄타 씨, 꽃가루 알레르기가 있어요?
나: 네. 그래서 봄만 되면 _____ 너무 힘들어요.

3 크기가 크다, 색깔이 빨갛다

가: 오늘 마트 갔다가 사과를 사 왔는데 먹어 볼래요?
나: 좋아요. 사과가 _____ 정말 맛있어 보이네요.

4 성격이 잘 맞다, 말이 잘 통하다

가: 마르완 씨와 어제 만났는데 벌써 그렇게 친해졌어요?
나: 네. _____ 금방 친해졌어요.

5 땀을 많이 흘리다, 옷을 갈아입어야 하다

가: 마이클 씨, 일 마치고 바로 한잔하러 갈래요?
나: 조금만 기다려주세요. 일하면서 _____ 집에 들렀다가 갈게요.

6 눈을 못 마주치다, 말을 잘 못 걸다

가: 제가 사람을 만나면 _____ 걱정이에요.
나: 자신감을 가져 봐요. 할 수 있어요.

문법 2

동사/형용사 **-든지**

1 <보기>와 같이 대화를 완성하십시오.

보기

슬쩍 마음을 전해 보다	가: 어릴 때부터 친하게 지내던 친구를 이성 친구로 좋아하게 된 것 같아. 나: 그럼, <u>슬쩍 마음을 전해 보든지</u> 뭐라도 해 봐.

1) **재료를 다듬다**

    가: 지금 많이 바쁘시죠? 제가 뭘 도와 드리면 될까요?

    나: 음…. 그럼, 저기에서 _____ 해 주세요.

2) **좋은 추억 하나 만들다**

    가: 곧 있으면 졸업인데 그러면 다들 자주 못 보겠네요.

    나: 아쉽네요. 우리 졸업 전에 여행이라도 가서

    _____ 해요.

3) **잠을 깨다**

    가: 잠시 휴게소에 들르려고요?

    나: 네. 조금 졸려서요. 일단 _____ 해야겠어요.

4) **블로그에 올리다**

    가: 제가 처음 웹툰을 그려봤는데 어때요?

    나: 처음 그렸다고요? 정말 잘 그렸네요.

    _____ 다른 사람에게 보여 줘도 될 것 같아요.

5) **날씨가 시원하다**

    가: 9월 말인데 아직도 30도 가까이 되네요.

    나: 그러게요. 가을이면 _____ 해야 하는데 아직도 덥네요.

6) **셔츠 색이 밝다**

    가: 나 오늘 데이트가 있는데 이렇게 입고 나갈까?

    나: 다른 건 다 괜찮은 것 같아.

    그런데 _____ 하면 더 좋을 것 같아.

2 <보기>와 같이 대화를 완성하십시오.

보기

택시로 가다,
지하철로 가다

가: 이렇게 차가 계속 막히면 늦을 것 같은데 우리 지하철로 갈아탈까요?
나: <u>택시로 가든지 지하철로 가든지</u> 해요.

1. 태풍이 오다, 안 오다

가: 내일 태풍이 온다고 하는데 밖에 나가지 마세요.
나: 그건 좀 힘들죠 _____ 출근은 해야 되잖아요.

2. 소문을 내다, 험담을 하다

가: 아이돌 지수에 대한 안 좋은 소문이 퍼지고 있대요.
나: 누가 그런 _____ 저는 지수를 믿어요.

3. 거리가 멀다, 거리가 가깝다

가: 장거리 연애를 하면서 서로 마음이 멀어지면 어떡하죠?
나: 저희 사랑은 _____ 변하지 않을 거라고 믿어요.

4. 월요일이 좋다, 월요일이 싫다

가: 주말이 끝났네요. 일요일 밤이 제일 아쉬워요.
나: 저도요. _____ 내일은 월요일이네요.

5. 말을 놓다, 말을 안 놓다

가: 요즘 타오가 너한테 슬쩍 말을 놓던데.
나: 타오가 나랑 한 살밖에 차이 안 나잖아. 난 _____ 다 괜찮아.

6. 주말이다, 평일이다

가: 주말인데도 일하고 있어요?
나: 네. 일이 많아서 _____ 오늘 이 일부터 빨리 끝내야 해서요.

6과 마음 건강 어휘와 표현2

마음의 병 대처 관련 표현

▶ <보기>에서 알맞은 것을 골라 문장을 완성하십시오.

보기

전문가에게 도움을 받다　　　　균형 잡힌 식사를 하다

적극적으로 치료를 받다　　　　처방에 따라 약을 복용하다

건강한 수면 습관을 가지다　　　주변 사람들과 함께 시간을 보내다

1) 저는 _____ -기 위해 다양한 음식을 골고루 먹습니다.

2) 아무리 바빠도 쉬는 날에는 _____ -(으)려고 하다

3) 저는 _____ -기 위해 매일 같은 시간에 자고 일어나려고 노력합니다.

4) 유학 생활 중에 외롭거나 우울하다면 혼자 고민하지 말고 _____ -는 것이 좋습니다.

5) 건강을 회복하기 위해서는 의사의 지시에 따르면서 _____ -는 자세가 중요합니다.

6) 반드시 _____ -아/어/해야 하다 그렇지 않으면 약의 효과가 떨어지거나 부작용이 생길 수도 있습니다.

문법 1

동사/형용사 -는/(으)ㄴ지 (의문)

1 <보기>와 같이 대화를 완성하십시오.

> **보기**
>
> 급한 일이 있다
>
> 가: 오늘 마이클 씨를 못 봤어요?
> 나: 방금 지나갔어요. <u>급한 일이 있는지</u> 뒤도 안 돌아보고 뛰어가던데요.

1) **나이보다 더 젊어 보이다**

   가: 배우 현우는 나이를 전혀 안 먹는 것 같아요.
   나: 맞아요. 어떻게 관리하면 _____ 정말 궁금해요.

2) **매년 마라톤 대회를 나가다**

   가: 지난 주말에 마이클 씨와 마라톤 대회에 참가했다면서요?
   나: 네. 그런데 저는 힘들어서 중간에 포기했어요.
   마이클 씨는 어떻게 _____ 정말 대단해요.

3) **미안한 감정도 없다**

   가: 어제 시영 씨와 왜 싸운 거예요?
   나: 시영 씨가 저에게 물을 쏟았어요.
   그런데 _____ 사과도 안 하고 그냥 가잖아요.

4) **시간이 빨리 가다**

   가: 벌써 12월이에요. 1년이 다 끝나가네요.
   나: 그러게요. 올해는 아무것도 안 한 것 같은데….
   왜 이렇게 _____ 많이 아쉬워요.

5) **심사가 까다롭다**

   가: 이번에 한식 요리사 자격증을 땄어요?
   나: 네. 정말 힘들었어요. 얼마나 _____
   재료 크기까지 다 보더라고요.

6) **노래가 힘차다**

   가: 가수 영찬의 콘서트는 어땠어요?
   나: 정말 대단했어요. 얼마나 _____
   제가 힘이 나더라고요.

2 <보기>와 같이 대화를 완성하십시오.

보기

많이 친해지다,
같이 다니다

가: 점심 때 식당에서 유이와 마이클이 같이 밥을 먹던데요. 둘이 그렇게 친했나요?
나: 그러게요. 요즘 <u>많이 친해졌는지 같이 다니더라고요</u>.

① 한국에 관심이 생기다,
한국 관련 책도 자주 보다

가: 요즘 엘레나가 한국에 대해 이야기를 많이 하네요.
나: 네. _____

② 마르완 씨가 많이 취하다,
몸을 비틀거리며 가다

가: 어제 회식 끝나고 다들 잘 들어갔어요?
나: 네. 저는 잘 들어갔어요.
그런데 _____

③ 아무리 해도 살이 안 빠지다,
그냥 포기하다

가: 지난달에 시영 씨가 다이어트를 한다고 말하지 않았어요? 오늘 계속 뭘 먹던데 이제 다이어트 안 한대요?
나: _____

④ 그동안 많이 답답하다,
신나서 뛰어다니다

가: 오늘 강아지랑 공원에 갔다 왔어요?
나: 네. 며칠 동안 비가 내려서 산책을 못 했잖아요.
강아지가 _____

⑤ 그릇이 뜨거운 걸 모르다,
그냥 들다

가: 부엌에서 큰 소리가 들린 것 같았는데 무슨 일이에요?
나: 샤오민 씨가 요리하다가 손을 데인 것 같아요.
_____

⑥ 이번에는 시험이 쉽다,
다들 잘 치다

가: 오늘 중간고사 성적이 나왔던데 확인했어?
나: 응, 방금 친구들이랑 같이 확인했어.
_____

문법 2

동사 -는/(으)ㄴ 김에

1 <보기>와 같이 대화를 완성하십시오.

> **보기**
>
> 그 책을 반납하다
>
> 가: 유이 씨, <u>그 책을 반납하는 김에</u> 제 책도 같이 반납해 주세요.
> 나: 알겠어요. 꼭 반납할게요.

① 허리 치료를 받다

가: 병원에서 _____ 바로 앉는 습관도 들이세요. 그래야 치료 효과가 있어요.
나: 네. 노력해 볼게요.

② 바다를 보러 가다

가: 부산으로 _____ 근처에 해변 열차도 타 보세요.
나: 좋아요. 이번에 가면 타 볼게요.

③ 여행 일정을 짜다

가: _____ 경비도 알아봐 주세요.
나: 알았어요. 꼼꼼하게 알아볼게요.

④ 에어컨 온도를 낮추다

가: 마르완 씨, 지금 _____ 바람도 세게 해 주세요.
나: 알겠어요. 제일 센 바람으로 할게요.

⑤ 양파를 썰다

가: _____ 옆에 있는 파도 같이 다져 주세요.
나: 네. 같이 다져 놓을게요.

⑥ 물을 꺼내다

가: 냉장고에서 _____ 주스도 꺼내 줘.
나: 알았어. 컵에 따라 줄까?

2 <보기>와 같이 대화를 완성하십시오.

보기

| 머리 자르러 가다,
염색도 하다 | 가: 잔느 씨, 머리 색도 바꿨네요. 색이 정말 잘 어울려요.
나: 네. 어제 <u>머리 자르러 간 김에 염색도 했어요</u>. |

1) 새 가구를 사다,
   방 가구 배치도 바꾸다

   가: 방 분위기가 많이 바뀌었네요.
   나: _____

2) 서울 친척 집을 방문하다,
   서울 구경도 하고 오다

   가: 서울 친척 집은 잘 다녀왔어요?
   나: 네. _____

3) 비행기를 놓치다,
   그냥 하루 더 여행하다

   가: 어제까지 여행 일정이라고 들었는데 왜 오늘 돌아왔어요?
   나: 아, 어제 비행기를 놓쳤거든요.
   이왕 _____

4) 회사 이름을 변경하다,
   로고도 다시 만들다

   가: 올해 회사 로고도 세련되게 바뀌었네요.
   나: 네. _____

5) 말이 나오다,
   시영 씨 결혼 소식도 전해 주다

   가: 어제 동창회 어땠어요?
   저도 가고 싶었는데 못 가서 아쉬웠어요.
   나: 안 그래도 동창생들이 시영 씨 안부도 묻더라고요.
   그래서 _____

6) 예쁘게 꾸미다,
   내 사진도 많이 찍다

   가: 이 사진 정말 예쁘다. 스튜디오에서 찍은 것 같아.
   나: 사실 친구 결혼식 갔다가 찍은 거야.
   결혼식 가려고 _____

▶ 6과 긴 글 쓰기 원고지

▶ **6과 긴 글 쓰기 원고지**

6. 마음 건강

모범 답안 및 정답 예시

1과 새로운 시작 ⋯⋯⋯⋯ 90

2과 배려와 예절 ⋯⋯⋯⋯ 92

3과 직업의 변화 ⋯⋯⋯⋯ 95

4과 언어의 변화 ⋯⋯⋯⋯ 97

5과 식품과 영양 ⋯⋯⋯⋯ 100

6과 마음 건강 ⋯⋯⋯⋯ 102

모범 답안 및 정답 예시

1과 새로운 시작

▶ <보기>에서 알맞은 것을 골라 문장을 완성하십시오. 4쪽

1) 처음 한국에 왔을 때는 <u>한국어가 서툴러서</u> 말실수를 많이 했어요.

2) 저는 아직도 처음 대학교에 입학해서 첫 수업을 들었을 때의 <u>기억이 생생해요</u>.

3) 하고 싶은 것이 아직 많이 있는데 졸업하고 고향으로 돌아가려니까 <u>아쉬움이 남아요</u>.

4) 한국에 온 지가 <u>엊그제 같은데</u> 벌써 5년이나 지났어요.

5) 고향을 떠나서 새로운 곳에서 다시 시작하려니까 <u>한국 생활이 막막해요</u>.

6) 한국 문화를 잘 몰라서 처음에는 <u>모든 게 낯설었어요</u>. 하지만 지금은 한국 생활이 많이 익숙해졌어요.

1 <보기>와 같이 대화를 완성하십시오. 5쪽

1) 가: 어제 콘서트는 잘 갔다왔어요?
나: 네. <u>얼마나 무대가 신나던지 시간 가는 줄 몰랐어요</u>.

2) 가: 룸메이트하고는 잘 지내요?
나: 네. <u>얼마나 성격이 잘 맞던지 한 번도 안 싸웠어요</u>.

3) 가: 그동안 정말 수고했어요. 많이 힘들었죠?
나: 많이 힘들지는 않았는데 <u>얼마나 부담이 되던지 도망치고 싶었어요</u>.

4) 가: 오늘 본 영화는 어땠어요?
나: 지루했어요. <u>얼마나 하품이 나던지 눈물까지 나왔어요</u>.

5) 가: 아까 마술 공연에서 사람이 갑자기 사라지는 마술은 너무 신기했어요.
나: 저도요. <u>얼마나 신기하던지 제 눈을 의심했어요</u>.

6) 가: 기숙사 난방이 고장 났다고 하던데 괜찮아요?
나: 아니요. <u>얼마나 방이 춥던지 창가에 둔 물이 얼었어요</u>.

2 <보기>와 같이 대화를 완성하십시오. 6쪽

1) 가: 제가 출장 간 사이 아이는 잘 있었어요?
나: 처음엔 <u>얼마나 울면서 엄마를 찾던지 세상이 끝나는 줄 알았다니까요</u>.

2) 가: 어젯밤에 방이 시끄럽던데 무슨 일 있었어요?
나: 미안해요. 룸메이트와 공포 영화를 봤어요. 룸메이트가 <u>얼마나 소리를 지르던지 귀가 나가는 줄 알았다니까요</u>.

3) 가: 여행은 어땠어요?
나: 세계에서 가장 높은 건물을 보고 왔어요. <u>얼마나 건물이 높던지 목이 부러지는 줄 알았다니까요</u>.

4) 가: 오늘 햇빛도 강하고 많이 덥죠?
나: 네. <u>얼마나 햇빛이 뜨겁던지 몸이 타는 줄 알았다니까요</u>.

5) 가: 이번 달리기 시합도 엘레나가 1등이네요.
나: 2등과 차이가 많이 나네요. <u>얼마나 달리기가 빠르던지 우사인 볼트인 줄 알았다니까요</u>.

6) 가: 거제도에 가 본 적이 있어요?
나: 네. 정말 아름다웠어요. <u>얼마나 이국적이던지 한국이 아닌 줄 알았다니까요</u>.

1 <보기>와 같이 대화를 완성하십시오. 7쪽

1) 가: 시영 씨, 해외 여행 중에 휴대폰을 잃어버렸다면서요?
나: 네. 보험도 안 들어서 보상도 못 받았어요. <u>여행자 보험을 들었으면 보상을 받았을 텐데요</u>.

2) 가: 켄타 씨, 어제 교통 사고가 났다면서요? 괜찮아요?
나: 제가 운전하다가 깜박 졸았거든요. <u>어제 잠을 충분히 잤으면 사고가 안 났을 텐데요</u>.

3) 가: 토픽 6급에 합격했어요?
나: 아니요. <u>쓰기만 잘 봤으면 토픽 6급에 합격했을 텐데요</u>.

4) 가: 타오 씨는 샌드위치를 좋아하나 봐요.
나: 아니요. 이번 달 생활비를 다 써 버렸거든요. <u>돈을 아껴 썼으면 먹을 걸 줄이지 않았을 텐데요</u>.

5) 가: 오늘 회식은 뷔페에서 한대요.
나: 네? 방금 간식을 먹었는데요. <u>뷔페를 가는 줄 알았으면 간식을 안 먹었을 텐데요</u>.

6) 가: 사람들이 여기까지 케이블카를 타고 오네요.
나: 앗, <u>처음부터 케이블카를 탔으면 고생을 하지 않아도 됐을 텐데요</u>.

2 <보기>와 같이 대화를 완성하십시오. 8쪽

① 가: 모처럼 친구들과 바다에 왔는데 물에 안 들어가요?
나: 옷을 안 챙겨 왔어요.
<u>갈아입을 옷이 있었더라면 바다에 들어갔을 텐데요</u>.

② 가: 이 매장은 쿠폰 있으면 10% 할인 받을 수 있대요.
나: 그래요? <u>미리 알았더라면 할인 쿠폰을 챙겨 왔을 텐데요</u>.

③ 가: 우유를 밖에 내놓았더니 상한 것 같아요.
나: 아깝네요. <u>냉장고에 넣었더라면 안 상했을 텐데요</u>.

④ 가: 저 내일 고향으로 돌아가요.
나: <u>미리 말해 줬더라면 송별회를 준비했을 텐데요</u>.

⑤ 가: 제가 만든 카레는 입에 맞아요?
나: 정말 맛있어요. 그런데 <u>감자 크기를 작게 잘랐더라면</u>
더 먹기 좋았을 텐데요.

⑥ 가: 콘서트는 어땠어요?
나: 정말 즐거웠어요. 그런데 조금 아쉽네요.
<u>노래 가사를 알았더라면 사람들과 같이 불렀을 텐데요</u>.

▶ <보기>에서 알맞은 것을 골라 문장을 완성하십시오. 9쪽

① 예시) 아직 꿈이 없다면 평소에 좋아하던 <u>관심 분야를 찾아보는</u>
것부터 시작해 보는 것이 좋다.

② 예시) 적성에 맞는 진로를 선택하기 위해서는
<u>다양한 분야를 경험하는</u> 것도 좋은 방법이다.

③ 예시) 그렇게 <u>여러 분야에서 경험을 쌓다가</u> 보면
어떤 분야가 가장 적성에 맞는지 알 수 있다.

④ 예시) 그리고 남들과 차이를 두기 위해서는 실패하더라도
계속 <u>꾸준히 노력하는</u> 자세도 필요하다.

⑤ 예시) 적성에 맞는 분야를 찾았으면 그것을 목표로
<u>구체적인 미래 계획을 세우는</u> 것이 좋다.

⑥ 예시) 목표를 너무 크게만 잡지 말고 중간에 작은 목표를 정해서
<u>새로운 것을 시도하는</u> 것이 중요하다.

1 <보기>와 같이 대화를 완성하십시오. 10쪽

① 가: 어제 소개팅을 했는데요.
<u>저한테 관심이 있다면서</u> 연락이 왔네요.
나: 한 번 더 만나 보세요.

② 가: <u>친구가 돈도 없다면서</u> 생일 선물을 사 준대요.
나: 참 고마운 친구네요.

③ 가: <u>동생이 밉다면서</u> 좋은 건 동생 먼저 챙겨 주네요.
나: 미워도 가족이잖아요.

④ 가: <u>일찍 잔다면서</u> 영화를 보고 있네요.
나: 이것만 보고 잘 거예요.

⑤ 가: 환 씨가 2시까지 와서 <u>일을 거든다면서</u> 아직 안 왔어요.
나: 아, 환 씨가 저기 달려 오네요.

⑥ 가: 유이 씨가 마이클 씨를 <u>같은 과 친구라면서</u> 소개해 줬어요.
나: 아, 저도 만난 적이 있어요.

2 <보기>와 같이 대화를 완성하십시오. 11쪽

① 가: 아까 <u>배가 부르다면서</u> 또 먹으려고요?
나: 저도 모르게 먹게 되네요.

② 가: <u>방금 괜찮다면서</u> 도대체 표정이 왜 그래요?
나: 아니에요. 정말 괜찮으니까 신경 쓰지 마세요.

③ 가: 너는 <u>우승이 간절하다면서</u> 시합에서 이길 노력은
안 하는 것 같아.
나: 무슨 소리야. 얼마나 열심히 하고 있는데.

④ 가: 너는 <u>정신없이 바쁘다면서</u> 게임할 시간은 있어?
나: 이건 잠깐 쉬는 거야.

⑤ 가: 마르완, 아까는 <u>이 말이 맞는 말이라면서</u> 왜 딴소리를 해?
나: 미안해.

⑥ 가: <u>너의 실수가 아니라면서</u> 왜 당당하게 말을 못해?
나: 말해도 사람들이 안 믿어 줄 것 같아서.

2과 배려와 예절

1 <보기>와 같이 대화를 완성하십시오. 12쪽

1) 가: 타오 씨는 항상 남을 배려하네요.
   나: 맞아요. <u>생각이 여간 깊은 게 아니에요</u>.

2) 가: 유이 씨는 K-팝 그룹을 잘 아는 것 같아요.
   나: 그렇죠? 특히 <u>아이돌을 여간 잘 아는 게 아니에요</u>.

3) 가: 첸 씨는 못하는 운동이 없는 것 같아요.
   나: 맞아요. 특히 <u>축구를 여간 잘하는 게 아니에요</u>.
   지난 경기에서는 혼자 다섯 골이나 넣었더라고요.

4) 가: 오마르 씨는 이렇게 큰 대회에서도 긴장을 안 하네요.
   나: 오마르 씨가 <u>대회 경험이 여간 많은 게 아니에요</u>.
   올해 나간 대회만 벌써 세 번째예요.

5) 가: 잔느 씨는 뭘 해도 실수가 없네요.
   나: 그럼. <u>성격이 여간 꼼꼼한 게 아니에요</u>.
   사소한 것이라도 전부 메모를 하더라고요.

6) 가: 켄타 씨는 일을 정말 빨리 하네요.
   나: 그렇죠? <u>손이 여간 빠른 게 아니에요</u>.
   보고서는 그날에 바로바로 끝내더라고요.

2 <보기>와 같이 대화를 완성하십시오. 13쪽

1) 가: 벌써 건물 공사가 끝났네요.
   공사 시작한 게 엊그제 같은데 <u>여간 빨리 짓는 게 아니에요</u>.
   나: 요즘은 건축 기술이 좋아져서 작은 건물은 금방이에요.

2) 가: 공부한다고 며칠 동안 밤을 새웠더니
   <u>잠이 여간 오는 게 아니에요</u>.
   나: 성적도 중요하지만 건강도 챙겨 가면서 해요.

3) 가: 저 둘은 쌍둥이라서 그런지
   <u>하는 행동이 여간 똑같은 게 아니에요</u>.
   나: 맞아요. 어떨 때는 같은 말을 동시에 하기도 해요.

4) 가: 저녁에 바닷가에 갔는데 <u>노을이 여간 아름다운 게 아니에요</u>.
   나: 그렇죠. 그런데 저는 석양보다는 일출이 예쁘더라고요.

5) 가: 종일 굶어서 <u>배가 여간 고픈 게 아니에요</u>.
   나: 어서 가서 식사부터 하세요.

6) 가: 집 앞에 가로등이 새로 바뀌었는데
   <u>길이 여간 밝은 게 아니에요</u>.
   나: 다행이에요. 항상 길이 어두워서 걱정이었거든요.

▶ <보기>에서 알맞은 것을 골라 문장을 완성하십시오. 18쪽

1) 청각 장애인에게 도움을 줄 때는 <u>실례가 되지 않도록</u> 주의해야 합니다.

2) 저는 어르신이나 임산부가 지하철에 타면 <u>자리를 양보하려고 합니다</u>.

3) 시각 장애인은 <u>안내견의 도움을 받아서</u> 안전하게 이동할 수 있습니다.

4) 몸이 불편한 사람도 계단을 이용할 수 있게 <u>휠체어 리프트를 설치해야 합니다</u>.

5) 우리의 일상생활에서 <u>사회적 약자를 배려하는</u> 장애인 주차구역, 장애인용 엘리베이터 등이 필요합니다.

6) 노약자나 임산부 등 교통 약자가 <u>저상 버스를 이용하면</u> 바닥이 낮아 승차할 때 더 편리합니다.

1 <보기>와 같이 대화를 완성하십시오. 19쪽

1) 가: 수아 씨, 지난번에 갔던 식당에 갈까요?
   나: 그 가게는 오늘 <u>문을 닫을걸요</u>. 매주 화요일에 쉬더라고요.

2) 가: 악셀 씨가 저를 좋아하는 것 같아요.
   제가 힘들 때마다 도와줘요.
   나: 글쎄요. 악셀 씨는 친절해서 잔느 씨가 아니어도
   <u>누구나 도와줄걸요</u>.

3) 가: 잔느 씨, 오마르 씨가 고향에 잘 도착했겠지요?
   나: 아마 지금쯤 <u>고향에 도착했을걸요</u>. 문자 한 번 보내 봐요.

4) 가: 혼자 살면 편하겠지요?
   나: 편하긴 하겠지만 집에서 반겨 주는 사람이 없어서
   <u>조금 외로울걸요</u>.

5) 가: 내일 시험이어서 오늘은 밤을 새서 공부를 하려고요.
   나: 밤을 새면 졸려서 <u>시험을 망칠걸요</u>.

6) 가: 유이 씨, 타오 씨의 집들이가 언제였죠?
   나: 아마 <u>다음 주일걸요</u>.

2 <보기>와 같이 대화를 완성하십시오. — 20쪽

① 가: 저 식당이 TV에 나와서 그런지 사람이 정말 많네. 우리도 가 볼까?
   나: 저 식당에 들어가려면 <u>1시간은 기다려야 할걸</u>.

② 가: 내일 유학생 모임에 학생들이 많이 올까?
   나: 내 주변에서는 다들 간다고 하니까 <u>많이 참석할걸</u>.
   참석 명단에 거의 온다고 사인했더라고.

③ 가: 새 집으로 이사를 가는데 벽지는 무슨 색으로 하면 좋을까?
   나: 밝은 색이 넓어 보이니까 벽지는 <u>밝은 색이 좋을걸</u>.

④ 가: 면접 볼 회사에 서류를 가져다 줘야 하는데 시간이 없네.
   나: 요즘은 서류를 <u>인터넷으로 제출해도 될걸</u>.
   혹시 모르니 회사에 문의해봐.

⑤ 가: 새로 산 로봇 청소기가 작동이 잘 안 되네. 어떻게 하지?
   나: A/S 센터에 가면 바로 <u>청소기를 고쳐 줄걸</u>.

⑥ 가: 내일이 마감일인데 이 일을 다 끝낼 수 있을까?
   나: 지금부터라도 서두르면 마감 전에 <u>일을 다 끝낼걸</u>.

1 <보기>와 같이 대화를 완성하십시오. — 21쪽

① 가: 오마르 씨, 이번 버스 정거장에서 내려야 하지요?
   나: 네. 그런데 곧 <u>내리더라도 버스 운행 중에 일어서면 안 돼요</u>.

② 가: 여보세요? 저는 지금 도서관에 있어요.
   나: 마이클 씨, <u>급한 전화가 오더라도 도서관에서 통화를 하면 안 돼요</u>.

③ 가: 무례하게 행동하는 손님 때문에 정말 화가 났어요. 저도 똑같이 해 주고 싶었어요.
   나: 기분이 상했겠어요.
   하지만 <u>화가 나더라도 똑같이 행동하면 안 돼요</u>.

④ 가: 해변에 사람도 없는데 음악 소리를 좀 크게 할까요?
   나: 아니요. <u>사람이 없더라도 음악을 크게 틀면 안 돼요</u>.

⑤ 가: 이 꽃이 정말 예쁘네요. 좀 꺾어 갈까요?
   나: 안 돼요. <u>꽃이 예쁘더라도 함부로 꺾으면 안 돼요</u>.

⑥ 가: 다 먹은 음료수 병을 버릴 곳이 안 보이네.
   그냥 저기에 올려 놓고 갈까?
   나: 안 돼. <u>쓰레기통이 없더라도 아무데나 버리면 안 돼</u>.

2 <보기>와 같이 대화를 완성하십시오. — 22쪽

① 가: 잔느 씨, 제가 좀 도와줄까요?
   나: 네. 고마워요.
   저 혼자서는 <u>밤을 새더라도 완성을 못할 것 같아요</u>.

② 가: 이번 올림픽이 첫 경기인데 각오 좀 이야기해 주십시오.
   나: 네. 첫 경기라서 긴장도 되지만 <u>메달을 못 따더라도 끝까지 최선을 다할 것입니다</u>.

③ 가: 계속 면접에서 떨어지니까 너무 힘들어요.
   나: 아니에요. 아무리 <u>힘들어도 포기하지 마세요</u>.

④ 가: 공부하면서 아르바이트하는데 운동까지 챙기려니 쉽지 않네요.
   나: 아무리 <u>여유가 없더라도 운동을 꾸준히 하는 것이 좋아요</u>.

⑤ 가: 유이 씨, 이 영화가 최신작인데 지금 무료로 다운로드 받을 수 있어요.
   나: 아무리 <u>무료더라도 불법 다운로드를 하면 안 돼요</u>.

⑥ 가: 어제 친구한테 말실수를 해서 친구가 화가 났어.
   나: 그래? 아무리 <u>친한 친구더라도 말을 조심히 해야 해</u>.

▶ <보기>에서 알맞은 것을 골라 글을 완성하십시오. — 23쪽

> 내가 한국에 처음 왔을 때 한국 예절에 대해서 잘 몰라서 실수를 많이 했다. 특히 높임말을 잘 몰라서 ㉠ <u>예의에 어긋나는</u> 행동을 하기도 했다. 그래서 종종 ㉡ <u>예의가 없다</u>는 이야기를 듣기도 했다. 그 이후로 나는 한국 예절에 관한 책을 읽고 한국 예절을 체험하는 곳에도 다녀왔다. 지금은 누구에게나 ㉢ <u>예의 있게 대하는</u> 나의 모습을 보면서 만나는 사람마다 ㉣ <u>예의가 바르</u>다고 하면서 칭찬한다.

1 <보기>와 같이 대화를 완성하십시오.   24쪽

1) 가: 잔느 씨는 옷이 정말 많은 것 같아요.
   나: 모두 다 제 것이 아니라 동생 거예요.
   세일 할 때마다 **옷을 사 대서** 옷장이 꽉 차 버렸어요.

2) 가: 시영 씨, 휴일 잘 보냈어요?
   나: 아뇨. 휴일 내내 **잠만 자 대서**
   하루가 어떻게 지나갔는지도 모르겠어요.

3) 가: 시험은 잘 봤어요?
   나: 시험 기간에 머리를 식힌다고 **드라마를 봐 대서** 그런지
   잘 못 봤어요.

4) 가: 오마르 씨, 잔느 씨가 무슨 일이 있어요?
   기분이 안 좋아 보여요.
   나: 저도 모르겠어요. 계속 **한숨만 쉬어 대서**
   저까지 힘이 빠지네요.

5) 가: 오마르 씨, 왜 다리를 절뚝거려요?
   나: 하루 종일 **하체 운동만 해 대서** 다리에 힘이 풀려서 그래요.

6) 가: 켄타 씨, 왜 이렇게 목이 쉬었어요?
   나: 어제 노래방에서 **노래를 불러 대서** 목이 쉬었어요.

2 <보기>와 같이 대화를 완성하십시오.   25쪽

1) 가: 오마르 씨, 무슨 일이 있어요?
   나: 동생들이 계속 **싸워 대서 걱정이에요.**

2) 가: 경치가 좋네요. 시영 씨는 사진 안 찍어도 돼요?
   나: 찍고 싶어요. 그런데 어제 **사진을 찍어 대서**
   용량이 꽉 찼어요.

3) 가: 저 작가의 드라마는 내용이 똑같은 것 같아요.
   나: 맞아요. 주인공들이 매일 똑같은 **이야기를 해 대서**
   지겨워요.

4) 가: 두통약까지 먹고 머리가 많이 아파요?
   나: 네. 종일 시끄럽게 **공사를 해 대서 머리가 아프네요.**

5) 가: 지난주에 본 영화는 어땠어요?
   나: 영화에 집중을 못 했어요.
   옆에 앉은 사람이 **휴대폰을 사용해 대서 신경이 쓰였어요.**

6) 가: 룸메이트가 기숙사 경고를 받았다면서요?
   나: 네. **기숙사 규칙을 어겨 대서 경고를 받았어요.**

1 <보기>와 같이 대화를 완성하십시오.   26쪽

1) 가: 오마르 씨, 박물관 투어는 잘 다녀왔어요?
   나: 아니요. **안내문을 잘못 읽는 바람에** 투어를 다 못 끝냈어요.

2) 가: 저녁밥을 왜 이렇게 늦게 먹어요?
   나: **배달이 늦게 오는 바람에** 지금 먹게 됐어요.

3) 가: 어제 태풍이 왔다고 하던데 비행기는 잘 탔어요?
   나: 타기는 했는데 **비행기가 연착되는 바람에**
   오래 기다려야 했어요.

4) 가: 사람들이 왜 다 밖에 나와 있어요?
   나: **화재 경보기가 울리는 바람에** 모두 밖으로 나와 있는 거래요.

5) 가: 어제 첫 프레젠테이션은 잘 했어요?
   나: **연습을 충분히 못하는 바람에** 실수를 많이 했어요.

6) 가: 시영 씨, 오늘 행사에 왜 이렇게 늦은 거예요?
   나: 제가 운전이 조금 서툴러요.
   그래서 **길을 잘못 드는 바람에** 늦었어요.

2 <보기>와 같이 대화를 완성하십시오.   27쪽

1) 가: 방이 왜 이렇게 지저분해졌어요?
   나: 요즘 바빠서 **청소를 안 하는 바람에 더러워졌어요.**

2) 가: 잔느 씨, 오늘은 자동차를 안 타고 왔네요.
   나: **자동차가 고장 나는 바람에 버스를 타고 왔어요.**

3) 가: 손님, 음식이 입에 안 맞으셨나요? 많이 남기셨네요.
   나: 아니요. **음식을 너무 많이 시키는 바람에 많이 남았어요.**

4) 가: 재영 씨, 아직 과제를 다 못했어요?
   나: 어제 다 하기는 했는데요. **갑자기 컴퓨터가 꺼지는 바람에**
   데이터가 다 날아갔어요.

5) 가: 어제 비가 많이 오는 바람에 체험 활동이 모두 취소됐어요.
   나: 아이고, 기대를 많이 했는데 아쉬웠겠어요.

6) 가: 앗, **문이 세게 닫히는 바람에** 깜짝 놀랐어요.
   나: 괜찮아요? 바람 때문에 갑자기 닫힌 것 같아요.

3과 직업의 변화

▶ <보기>에서 알맞은 것을 골라 문장을 완성하십시오. 32쪽

1. 은퇴할 때까지 계속 일할 수 있는 <u>평생 직업</u>은 점차 사라지고 있다.

2. 회사를 다니면서 아르바이트나 다른 일을 하는 등 <u>직업을 여러 개 갖는</u> 사람들이 늘어나고 있다.

3. 최근 조사에 따르면 두 가지 이상의 직업을 가지고 사는 <u>N잡러</u>가 늘어나고 있다고 한다.

4. 이제는 혼자 즐기던 일도 직업이 될 수 있다. 다시 말해 <u>취미로 돈을 벌</u> 수 있게 된 것이다.

5. '퇴근 후의 여유 있는 삶'에 대한 관심이 높아 지면서 회사의 <u>워라밸</u>을 중요하게 생각하는 사람도 많아졌다.

6. 젊은 사람들은 퇴근 후나 주말에는 업무 연락을 전혀 받지 않고 여가 생활에 집중하는 등 <u>일과 생활을 구분한다</u>.

1 <보기>와 같이 대화를 완성하십시오. 33쪽

1. 가: 나중에 <u>제 아이의 이름을 짓는다면</u> '은수'라고 짓고 싶어요.
   나: 좋은 이름이네요.

2. 가: 혹시 <u>이사를 가게 된다면 더 큰 집으로 가고 싶어요</u>.
   나: 지금 집은 조금 좁아요?

3. 가: 저는 <u>돈을 많이 벌 수 있다면</u> 어떤 일이라도 다 할 거예요.
   나: 저도요. 요즘 N잡러들이 많잖아요.

4. 가: <u>다시 고등학생 때로 돌아간다면 더 열심히 공부할 거예요</u>.
   나: 저는 친구와 많이 놀러 다닐 거예요.

5. 가: <u>오늘 음식이 만족스럽다면 나중에 좋은 후기를 써 주세요</u>.
   나: 알겠습니다.

6. 가: 시영 씨가 <u>몸이 많이 아프다면</u> 오늘은 집에서 쉬라고 하세요.
   나: 네. 그렇게 전달하겠습니다.

2 <보기>와 같이 대화를 완성하십시오. 34쪽

1. 가: 시영 씨, 비빔밥 정말 잘 먹었어요. 맛있었어요.
   나: 고마워요. 하지만 <u>참기름도 넣었다면 더 맛있었을 거예요</u>.

2. 가: 태국 여행은 잘 다녀왔어요?
   나: 네. 정말 최고였어요. 그런데 제가 <u>태국어를 할 줄 알았다면 여행이 더 편했을 거예요</u>.

3. 가: 무슨 일 있었어요? 힘이 없어 보여요.
   나: 오늘 아침에 택시에 휴대폰을 두고 내리는 바람에 시험 시간에 많이 늦었어요. <u>휴대폰을 찾으러 가지 않았다면 시험 시간에 늦지 않았을 거예요</u>.

4. 가: 이 옷이 샤오민 씨한테 잘 어울릴 것 같아요.
   나: 저도 마음에 드는데 좀 비싸네요. <u>조금 저렴했다면 바로 샀을 텐데요</u>.

5. 가: 유이 씨, 위쪽에 있는 책을 꺼내려고요?
   나: 네. 그런데 손이 안 닿네요. <u>키가 더 컸다면 손이 닿았을 텐데요</u>.

6. 가: 아직도 일하고 있어요?
   나: 네. 이 일은 오늘 안에 끝내야 해서요. <u>급한 일이 아니었다면 내일 했을 텐데요</u>.

1 <보기>와 같이 대화를 완성하십시오. 35쪽

1. 가: 유이 씨는 평소에 아침밥 먹어요?
   나: 아니요. 저는 아침에 <u>밥은커녕 물도 잘 안 마셔요</u>.

2. 가: 원석 씨는 김치찌개를 잘 끓여요?
   나: 아니요. 저는 <u>김치찌개는커녕 라면도 못 끓여요</u>.

3. 가: 부산에 태풍이 지나갔다고 들었는데 괜찮았어요?
   나: 태풍이 온다더니 <u>폭우는커녕 비가 한 방울도 안 내렸어요</u>.

4. 가: 어제 불꽃 축제에 사람이 많았어요?
   나: 네. 정말 많았어요. 그래서 <u>구경은커녕 제대로 움직이지도 못했어요</u>.

5. 가: 회의 자료를 보내고 있는데 와이파이 속도가 너무 느리네요.
   나: 이 속도로는 <u>30분은커녕 종일 걸릴 것 같아요</u>.

6. 가: 드디어 기말고사가 끝났네요. 켄타 씨는 시험 잘 쳤어요?
   나: 모르는 문제만 나왔어요. <u>50점은커녕 20점도 못 받을 것 같아요</u>.

2 **<보기>와 같이 대화를 완성하십시오.** 36쪽

① 가: 몇 시간을 계속 강의를 하면 힘들지 않아요?
　 나: 아니요. 학생들을 보면 지치기는커녕 힘이 나요.

② 가: 타오 씨, 제가 하는 말 이해했죠?
　 나: 아무리 이야기를 들어도
　　　이해가 되기는커녕 더 모르겠어요.

③ 가: 요즘 다른 회사는 지원자가 부족하다고 하던데 우리 회사는
　　　지원자가 적기는커녕 작년보다 더 많은 것 같아요.
　 나: 인기가 많은 회사는 항상 지원자들이 몰리더라고요.

④ 가: 커피를 마셔도 잠이 깨기는커녕 더 피곤한 것 같아요.
　 나: 그럼, 커피를 마시지 말고 잠을 좀 자는 게 어때요?

⑤ 가: 어제 열차 사고가 있었는데 승무원들이 사고 대처를
　　　아주 잘했대요.
　 나: 저도 그 뉴스를 들었어요.
　　　당황하기는커녕 침착하게 대응했다고 해요.

⑥ 가: 첸 씨가 이길 거라고 큰소리 치던 유도 시합 결과는
　　　어떻게 됐대요?
　 나: 아, 그거요. 이기기는커녕 아무 힘도 못 쓰고 졌다고 해요.

▶ **<보기>에서 알맞은 것을 골라 문장을 완성하십시오.** 37쪽

① 스마트폰의 등장은 우리의 생활 방식이 바뀌게 된 큰 사건 중
　하나입니다.

② 인구가 감소하면서 작은 학교들은 학생 수가 부족해서 문을
　닫고 있습니다.

③ AI, 스마트팜 등 새로운 기술이 등장한 덕분에
　우리의 일상 생활이 빠르게 변화하고 있습니다.

④ 시대에 따라 직업이 사라지기도 하지만
　반대로 새로운 직업이 생기기도 합니다.

⑤ 기술의 발전으로 기계가 사람의 일을 대신하면서
　사람들의 일자리에 대한 걱정이 커져가고 있습니다.

1 **<보기>와 같이 문장을 완성하십시오.** 38쪽

① 드라마 촬영으로 인해 일부 도로가 막혔습니다.

② 저의 오해로 인해 친구와 사이가 멀어졌습니다.

③ 아버지는 저의 갑작스런 결혼 발표로 인해
　놀라서 소리를 지르셨습니다.

④ 오늘은 큰 일교차로 인해 감기에 걸리기 쉽습니다.

⑤ 배우 수민이 안 좋은 소문으로 인해 피해를 입고 있습니다.

⑥ 봄에는 건조한 날씨로 인해 산불이 자주 발생합니다.

2 **알맞은 것을 골라 <보기>와 같이 대화를 완성하십시오.**
　　　　　　　　　　　　　　　　　　　　　　39쪽

① 가: 기술 발전이 우리 삶에 어떤 영향을 줬을까요?
　 나: 기술 발전으로 인해 삶은 편리해졌지만 일자리 감소 등
　　　새로운 문제가 생겼습니다.

② 가: 플라스틱 문제, 어떻게 해결해야 할까요?
　 나: 플라스틱 사용 증가로 인해 환경오염이 심각합니다.
　　　플라스틱 사용을 줄이고 분리수거를 잘해야 합니다.

③ 가: 기후 변화, 해결 방안이 있을까요?
　 나: 기후 변화로 인해 자연재해가 늘고 있습니다.
　　　지구 온난화를 막기 위해서는 여러 나라가 협력해야 합니다.

④ 가: 우리도 우주여행을 갈 수 있을까요?
　 나: 물론이지요. 우주 기술 발전으로 인해 우주여행 비용이
　　　낮아지고 있어 곧 우주여행을 갈 수 있는 시대가 올 겁니다.

⑤ 가: 청년 창업이 늘어난 이유는 뭘까요?
　 나: 정부의 창업 지원으로 인해 많은 청년들이
　　　창업에 도전하고 있는 것 같습니다.

⑥ 가: 요즘 강아지 키우는 사람들이 많이 늘어난 것 같아요.
　 나: 실제로 최근 몇 년 동안 1인 가구 증가로 인해
　　　반려동물을 키우는 사람들이 많이 늘어났습니다.

4과 언어의 변화

1 <보기>와 같이 대화를 완성하십시오. 40쪽

1) 가: 지금 배가 너무 고파요. 아침에 바빠서 밥 먹을 시간이 없었거든요.
   나: 아무리 바빠도 <u>밥이든 빵이든</u> 조금은 챙겨 먹어야지요.

2) 가: 약속 시간에 늦겠어요. 택시 탈까요?
   나: 택시가 잘 안 보여요. 일단 <u>버스든 택시든</u> 빨리 오는 걸 타고 가요.

3) 가: 한국어 퀴즈 대회에서 아쉽게 떨어졌어요. 실수만 안 했어도.
   나: 너무 실망하지 마요. <u>성공이든 실패든</u> 경험하는 것이 더 중요하다고 생각해요.

4) 가: 엘레나 씨는 여행을 정말 좋아하는 것 같아요.
   나: 맞아요. <u>국내 여행이든 해외여행이든</u> 여행은 항상 설레거든요.

5) 가: 제가 손님들에게 보낸 안내문의 정보가 잘못된 것 같아요. 어떡하죠?
   나: 일단 <u>문자 메시지든 메일이든</u> 보내서 다시 안내해야 할 것 같아요.

6) 가: 요즘 학교 생활이 너무 힘들어.
   나: 고민이 있으면 나한테 말해 봐. <u>친구든 가족이든</u> 힘들 때 의지할 수 있는 사람이 있어야 하잖아.

2 알맞은 것을 골라 <보기>와 같이 대화를 완성하십시오. 41쪽

1) 가: 우리 저녁에 뭐 먹을까요?
   나: 유이 씨가 먹고 싶은 거 먹어요. 저는 <u>무엇이든</u> 가리지 않고 잘 먹거든요.

2) 가: 내일 모임 장소가 길이 복잡한데 잘 찾아올 수 있겠어요?
   나: 문제 없어요. 요즘은 지도 앱만 있으면 <u>어디든</u> 다 찾아갈 수 있잖아요.

3) 가: 매번 힘들 때 도와주셔서 정말 고마워요.
   나: 아니에요. <u>언제든</u> 필요하면 연락하세요.

4) 가: 다음 주에 랑스 대학 축제에 유명한 가수가 온대.
   나: 정말? 대학 축제는 <u>누구든</u> 즐길 수 있으니까 우리도 한 번 가 보자.

5) 가: 어떻게 하면 옷을 잘 입을 수 있을지 고민이야.
   나: 그런 건 걱정할 필요 없어. <u>무엇이든</u> 자신감이 가장 중요하다고 생각해.

6) 가: 피아노를 배우고 있는데 양손으로 치는 게 너무 어려워.
   나: <u>누구든</u> 처음에는 다 어렵지. 연습하면 괜찮아질 거야.

▶ <보기>에서 알맞은 것을 골라 글을 완성하십시오. 46쪽

신조어는 기존의 단어를 변형하거나 외래어와 결합해서 만들어지는 짧은 단어지만 그 속에는 사회의 변화와 흐름을 보여 주는 깊은 ㉠ <u>의미가 담겨 있다</u>. 예를 들어 여럿이 함께 밥을 먹거나 활동하는 것을 선호한 과거와 다르게 최근 1인 가구가 늘어나면서 혼자 밥을 먹는 것을 의미하는 '혼밥', 혼자 여행하는 것을 뜻하는 '혼행' 등 ㉡ <u>새로운 문화를 반영하는</u> 단어들이 생겨난 것이다. 신조어 사용은 구세대와 신세대 간의 사고 방식의 차이를 줄이며 ㉢ <u>다른 세대와 소통할 수 있게 해 준다</u>. 또한 새로운 아이디어로 만들어진 단어는 의미뿐만 아니라 ㉣ <u>재미를 더해 주기도 한다</u>. 하지만 단순히 재미만을 위해 신조어를 함부로 사용하다가는 언어 예절에 어긋날 수 있기 때문에 반드시 ㉤ <u>상황과 맥락에 맞게</u> 사용해야 한다. 신조어는 과거의 과거에도 있었고 앞으로도 계속 생겨날 것이다. 이렇게 ㉥ <u>시대의 변화와 함께하는</u> 신조어의 다음 모습이 기대된다.

1 <보기>와 같이 대화를 완성하십시오. 47쪽

1) 가: 오마르 씨는 인상이 좀 차가워 보이네요.
   나: <u>알고 보면 마음이 따뜻한 사람일 거예요.</u>

2) 가: 지금 배가 불러서 별로 안 먹고 싶어요.
   나: <u>한 입 먹고 보면 더 먹고 싶어질 거예요.</u>

3) 가: 할 일이 많은데 무슨 일부터 해야 할지 모르겠어요.
   나: <u>제일 중요한 일부터 시작하고 보면 다른 일도 할 수 있을 거예요.</u>

4) 가: 조금만 쉬었다가 갈까요?
   나: <u>지금 쉬고 보면 다시 출발하기가 더 힘들 거예요.</u>

5) 가: 이 일이 언제쯤 해결될까요?
   나: <u>시간이 지나고 보면 모든 문제가 해결될 거예요.</u>

6) 가: 시험 공부할 게 많아서 걱정이야.
   나: <u>밤을 새워 공부하고 보면 다할 거야.</u>

2 <보기>와 같이 문장을 완성하십시오. 48쪽

1) 옷을 입고 보니 거꾸로 뒤집어 입었다.

2) 버스를 타고 보니 지갑에 교통 카드가 없었다.

3) 나이가 들고 보니 건강이 제일 중요했다.

4) 택배를 받고 보니 내가 주문한 것과 달랐다.

5) 약속을 잡고 보니 이미 선약이 있는 날이었다.

6) 서둘러 빈자리에 앉고 보니 노약자석이었다.

1 <보기>와 같이 대화를 완성하십시오. 49쪽

1) 가: 오마르 씨가 한국 음식을 좋아하는 줄 몰랐어요.
   나: 저랑 하루에 한 번은 꼭 한식을 먹으러 가요.

2) 가: 여기서 음식을 드시면 안 됩니다.
   나: 죄송해요.
   안내판이 없어서 음식을 먹으면 안 되는 줄 몰랐어요.

3) 가: 어쩌다가 다리를 다쳤어요?
   나: 복도를 물청소하는 줄 모르고 뛰어 가다가 미끄러졌어요.

4) 가: 옷이 얇은 것 같은데 춥지 않아요?
   나: 햇빛이 좋아서 따뜻한 줄 알았는데 아직 춥네요.

5) 가: 새로 나온 영화 봤지요? 어땠어요?
   나: 유명 배우가 많이 출연하니까 재미있을 줄 알았는데
       생각보다 별로였어요.

6) 가: 어서 일어나서 학교에 갈 준비해야지.
   나: 앗, 엄마. 월요일인 줄 몰랐어요.

2 <보기>와 같이 문장을 완성하십시오. 50쪽

1) 은행이 아직 영업을 하는 줄 알았어요.
   벌써 문을 닫는 줄 몰랐어요.

2) 너무 재미있어서 시간이 얼마 안 지난 줄 알았어요.
   시간이 빨리 지난 줄 몰랐어요.

3) 이번 시험에는 공부를 열심히 안 해서 불합격할 줄 알았어요.
   합격할 줄 몰랐어요.

4) 한국의 가을 날씨는 시원한 줄 알았어요.
   요즘처럼 더운 줄 몰랐어요.

5) 날씨가 흐려서 비가 올 줄 알았어요.
   날씨가 맑은 줄 몰랐어요.

6) 한국말을 잘해서 한국인인 줄 알았어요.
   외국 사람인 줄 몰랐어요.

▶ <보기>에서 알맞은 것을 골라 문장을 완성하십시오. 51쪽

1) 입사 시험 합격 소식에 파도가 밀려오듯이 기뻤다.

2) 현재와 같이 자원을 물 쓰듯이 쓰다가는 곧 에너지가 부족해질 것이다.

3) 전통 한옥 마을의 모습은 시간이 멈춘 듯이 옛 모습 그대로이다.

4) 여름밤 시골 하늘에서는 별이 쏟아질 듯이 많이 반짝거리고 있었다.

5) 첸 씨는 평소에는 조용한데 노래방에만 가면 물고기가 물 만난 듯이 노래를 잘 부른다.

6) 이 도시에서는 젊은 사람을 보기가 가뭄에 콩 나듯이 어렵다.

1 <보기>와 같이 대화를 완성하십시오.   52쪽

1. 가: <u>뉴스에서 듣다시피</u> 이번 주부터 장마가 시작된대요.
   나: 비 피해 없이 잘 지나면 좋겠네요.

2. 가: 저 가게가 <u>SNS에서 소개되다시피</u> 유명한 맛집이에요.
   나: 그래서 저렇게 사람들이 줄을 서서 기다리는군요.

3. 가: 손님, <u>여기 써 있다시피</u> 꽃다발은 공연장에 가지고 들어갈 수 없습니다.
   나: 제가 미처 보지 못했네요. 죄송합니다.

4. 가: 주말에 부산 여행 가서 뭐가 좋았어요?
   나: <u>누구나 알다시피</u> 부산은 해양 도시라서 바다를 실컷 보고 왔어요.

5. 가: 선생님, 이 숙제 언제까지 제출해야 되나요?
   나: <u>아까 말하다시피</u> 이번 주 금요일까지예요.

6. 가: 여기서 목적지까지 얼마나 걸릴까요?
   나: <u>지도 앱에서 보다시피</u> 승용차로 1시간쯤 걸리네요.

2 <보기>에 주어진 표현과 어울리는 문장을 완성하십시오.   53쪽

1. 거의 <u>굶다시피</u> 밥을 먹지 않는 다이어트는 건강에 좋지 않다.
2. 도서관에서 <u>살다시피</u> 공부한 덕분에 좋은 성적을 받았다.
3. 고속 기차가 얼마나 빠른지 <u>날다시피</u> 달린다.
4. 이렇게 맛있는 음식은 매일 <u>먹다시피</u> 해도 질리지 않는다.
5. 이 작품은 초등학생이 다른 사람의 도움 없이 혼자 <u>만들다시피</u> 한 것이다.
6. 일손이 부족해서 요즘에는 <u>밤을 새다시피</u> 야근을 하고 있다.

1 <보기>와 같이 문장을 완성하십시오.   54쪽

1. 시영 씨는 돈 아까운 줄 모르고 <u>물 쓰듯이 써 버렸어요</u>.
2. 그 사람은 거짓말을 <u>밥 먹듯이 자주 해서</u> 도저히 믿을 수가 없다.
3. 시험 시작을 알리는 방송을 듣고 학생들은 <u>쥐 죽은 듯이 조용해졌어요</u>.
4. 부모님께서는 형의 취직 소식을 듣고 <u>뛸 듯이 기뻐하셨어요</u>.
5. 부담스러운 일이 끝나서 마음이 <u>날아갈 듯이 가벼워요</u>.
6. 유이 씨와 타오 씨는 <u>바늘과 실인듯이 항상 붙어 다녀요</u>.

2 <보기>와 같이 대화를 완성하십시오.   55쪽

1. 가: 혼자 사는 사람들은 강아지보다 고양이를 많이 키운다고 해요.
   나: 고양이는 강아지보다 외로움을 덜 느낀다고 하니 1인 가구에서 많이 <u>키우는 듯해요</u>.

2. 가: 예전에는 지하철에서 종이책을 읽는 사람들이 많았는데 요즘은 그렇지 않네요.
   나: E-북이나 웹툰 같은 전자책을 보니까 종이책을 거의 <u>안 읽는 듯해요</u>.

3. 가: 켄타 씨가 다음 달에 귀국하려고 결정했다는 소식 들었어요?
   나: 네. 귀국한 후에 고향에서 취직을 하려고 마음을 <u>결정한 듯해요</u>.

4. 가: 샤오민 씨, 선생님이 오늘까지 숙제를 하라고 하셨는데 잊어버리신 것 같지요?
   나: 네. 숙제를 제출하라는 말씀을 안 하시는 걸 보니까 <u>잊어버리신 듯해요</u>.

5. 가: 올해 여름은 정말 더운데 내년에도 더울까요?
   나: 온난화 현상이 점점 심해지니까 내년에도 <u>더울 듯해요</u>.

6. 가: 어, 저 사람 영화에서 <u>본 듯한데</u> 영화 배우 아니에요?
   나: 저도 영화에서 본 것 같은데 이름은 기억이 안 나네요.

5과 식품과 영양

1 <보기>와 같이 대화를 완성하십시오. 61쪽

1) 가: 엘레나 씨, 마지막으로 한 말씀해 주시겠습니까?
   나: 오늘 참석해 주신 분들께 감사의 인사를 <u>드리고자 합니다</u>.

2) 가: 이 시간에는 인스턴트 음식의 장점과 단점에 대해서 <u>토론하고자 합니다</u>.
   나: 네. 알겠습니다.

3) 가: 오늘 이 시간에는 대체 식량에 대해서 <u>배워 보고자 합니다</u>.
   나: 대체 식량이 뭐예요?

4) 가: 관람객의 안전을 위해 입장 인원을 <u>제한하고자 합니다</u>.
   나: 한 번에 몇 명이 들어갈 수 있어요?

5) 가: 식사 순서를 통해 과식하지 않는 방법을 <u>찾아보고자 합니다</u>.
   나: 어떤 순서로 먹으면 좋아요?

6) 가: 고객 자료를 모으기 위해 고객의 이름과 전화번호를 <u>저장하고자 합니다</u>. 동의하십니까?
   나: 네. 동의합니다.

2 <보기>와 같이 문장을 완성하십시오. 62쪽

1) 다음 달에 멘탈 케어 <u>코칭을 받고자</u> 상담 센터를 방문할 계획입니다. 추천 좀 해 주세요.

2) <u>바다를 보호하고자</u> 이번 캠페인을 준비했습니다. 함께해 주십시오.

3) <u>장애인을 이해하고자</u> 비장애인과 함께 장애인 체험을 하려고 합니다. 누구나 참여할 수 있습니다.

4) 10월 꽃축제에 다양한 <u>프로그램을 제공하고자</u> 여러분의 의견을 받고 있습니다. 많이 참여해 주십시오.

5) 우리 가게에서는 <u>플라스틱 사용을 줄이고자</u> 일회용 컵을 제공하지 않습니다.

6) 이번 콘서트가 끝나고 <u>혼자만의 시간을 가지고자</u> 여행을 떠나려고 합니다. 사진을 공유하겠습니다.

1 <보기>와 같이 대화를 완성하십시오. 63쪽

1) 가: 클래식 알람 소리가 참 듣기 좋네요.
   나: 저는 그냥 알람 소리보다 음악 소리에 <u>눈이 떠지더군요</u>.

2) 가: 건강식이 맛은 별로 없는 것 같아요.
   나: 저도 건강식은 <u>입맛에 안 맞더군요</u>.

3) 가: 마르완 씨는 건강에 신경을 정말 많이 쓰지요?
   나: 그런 것 같아요. 건강한 맛집을 정말 <u>많이 알고 있더군요</u>.

4) 가: 요즘도 많이 바쁘세요?
   나: 네. 프로젝트를 신청하고 보니까 <u>일이 너무 많더군요</u>.

5) 가: 중국에서는 차 음료가 몸에 좋다는 이미지를 준대요.
   나: 그렇죠? 중국에 가 보니까 차 음료 <u>인기가 많기는 하더군요</u>.

6) 가: 일본 편의점에는 스무디 종류가 정말 다양하더라고요.
   나: 맞아요. 어제는 그린 스무디를 먹어 봤는데 <u>정말 건강한 맛이더군요</u>.

2 <보기>와 같이 대화를 완성하십시오. 64쪽

1) 가: 코로나 이후에 큰 컵 음료 판매가 증가했대요.
   나: 기사를 보니까 모임이 많아지면서부터 <u>인기를 끌었더군요</u>.

2) 가: 지난번 회의 때 모두 참석했어요?
   나: 네. 재영 씨만 빼고 <u>전원 참석했더군요</u>.

3) 가: 요즘 어떤 종류의 주스가 잘 팔려요?
   나: 과채 주스가 <u>1위를 차지했더군요</u>.

4) 가: 배우 지수 씨는 정말 인형처럼 예뻐요.
   나: 사진을 보니까 어릴 때도 <u>정말 예뻤더군요</u>.

5) 가: 타오 씨와 오해를 풀었어요?
   나: 네. 그때는 제가 타오 씨의 <u>마음을 잘 몰랐더군요</u>.

6) 가: 환 씨 향수병은 좀 어때요?
   나: 어제 통화했는데 나아지기는커녕 <u>증세가 더 심해졌더군요</u>.

▶ <보기>에서 알맞은 것을 골라 글을 완성하십시오. ——— 65쪽

예시)
배우 강석진 씨는 ㉠ <u>최고의 영양식이면서</u> 초간단 다이어트 식단 꿀팁을 공개했다. "달걀 2개와 아보카도를 같이 넣어서 으깬 후 샌드위치로 만들어 먹어 보세요. 맛과 ㉡ <u>영양이 배가 돼요</u>. 특히 아침에 달걀을 먹으면 ㉢ <u>에너지가 보충되고</u> 점심까지 배도 고프지 않더라고요." 달걀은 고단백 식품으로 비타민A, B, 셀레늄 등 ㉣ <u>영양소가 충분히</u> 함유돼 있다. 아보카도 역시 다이어트에 도움이 되는 식품으로 식이섬유가 사과 4개만큼이나 들어있다. 이렇게 달걀과 아보카도는 몸에 필요한 영양을 주고 서로 부족한 영양을 보충해 줘 ㉤ <u>음식 궁합이 맞는 셈이다</u>.

1 <보기>와 같이 두 문장의 의미가 같도록 문장을 완성하십시오.
——— 66쪽

1) <u>한국 사람치고</u> 그 가수의 노래를 모르는 사람이 없어요.

2) <u>건강하게 살고 싶은 사람치고</u> 운동을 안 하는 사람이 없더라고요.

3) <u>편의점에서 파는 도시락치고</u> 안 짠 도시락이 없더라고요.

4) <u>경주를 방문하는 관광객치고</u> 불국사를 안 가는 관광객이 없더라고요.

5) <u>혼자 사는 사람치고</u> 배달 음식 비용이 안 높은 사람이 없더라고요.

2 <보기>와 같이 같은 뜻을 가진 문장끼리 연결하십시오.
——— 67쪽

1) 겨울 날씨는 보통 추워서 운동하기에 좋은 편은 아니에요. — ㅁ) 겨울 날씨치고 따뜻해서 운동하기 좋아요.

2) 시험공부를 많이 안 했지만 점수가 좋아요. — ㄴ) 시영 씨가 <u>시험공부를 한 것치고는</u> 점수가 잘 나왔어요.

3) 방값이 싸면 방이 그렇게 크지 않더라고요. — ㄹ) <u>싼 가격치고는</u> 방이 크더라고요.

4) 감기 진료비는 보통 많이 나오지 않아요. — ㅂ) 감기치고는 병원비가 많이 나온 거 아니에요?

5) 한국어를 아주 잘하는 외국인은 많지 않아요. — ㄱ) 에밀리 씨는 <u>외국인치고는</u> 한국어를 정말 잘하는 것 같아요.

6) 보통 생활비가 많이 나오는 편이에요. — ㄷ) <u>한 달 생활비치고는</u> 적게 나온 편이네요.

1 <보기>와 같이 같은 뜻을 가진 문장으로 바꿔 써 보십시오.
——— 68쪽

1) 요즘 커피숍 케이크 한 조각이 <u>밥값이랑 같은 셈이군요</u>.

2) 부부 한 쌍이 아이를 <u>한 명도 안 낳은 셈이군요</u>.

3) 남자 인구와 여자 <u>인구 비율이 1:1인 셈이군요</u>.

4) 세 명 중에 한 명은 <u>그 드라마를 본 셈이군요</u>.

5) 한 시간마다 깼으면 <u>거의 잠을 못 잔 셈이군요</u>.

6) 일본은 한국 여행객이 여행을 <u>가장 많이 간 국가인 셈이군요</u>.

6과 마음 건강

2 알맞은 것을 골라 <보기>와 같이 대화를 완성하십시오.

69쪽

1) 가: 오늘이 벌써 25일이네요. 시간이 정말 빨리 가는 것 같아요.
   나: 이제 5일밖에 안 남았으니까 <u>이달도 다 지나간 셈이에요</u>.

2) 가: 이 원룸은 방값이 좀 비싸지만 가구에 가전까지 다 딸려 있네요.
   나: 방에 필요한 물품이 다 있으니까 <u>방값이 비싼 것은 아닌 셈이에요</u>.

3) 가: 어제 먹은 두통약은 효과가 있었어요?
   나: 아니요. 계속 머리가 아팠으니까 <u>효과가 없는 셈이에요</u>.

4) 가: 샤오민 씨는 한국에 산 지 20년이 넘었지요?
   나: 네. 올해로 22년이 되었어요. 한국은 <u>제2의 고향인 셈이에요</u>.

5) 가: 제 블로그에 타오 씨의 작품을 올려도 되냐고 물어봤어요.
   나: 네. 타오 씨가 대답을 안 하는 걸로 봐서 <u>괜찮다고 말한 셈이에요</u>.

▶ <보기>에서 알맞은 것을 골라 대화를 완성하십시오.

74쪽

1) 가: 유학 생활은 어때요?
   나: 고향이 그립고 <u>외로움을 느낄</u> 때도 있지만 친구들이 있어서 즐거워요.

2) 가: 곧 졸업이네요. 엘레나 씨는 졸업하고 나서 뭐 할 거예요?
   나: 모르겠어요. 아직 진로를 정하지 못해서 <u>불안감을 느낄</u> 때도 있어요.

3) 가: 유이 씨가 오늘 짜증을 많이 내네요.
   나: 요즘 잠을 못 자서 그런지 <u>예민하게 구는</u> 것 같아요.

4) 가: 오늘은 춤 연습 안 해요?
   나: 못 하겠어요. 자꾸 실수를 해서 <u>자신감을 잃었어요</u>.

5) 가: 어젯밤 공포 영화를 보던데 잠은 잘 잤어요?
   나: 아니요. 거의 못 잤어요. 자기 전에 영화를 봐서 그런지 <u>악몽을 꿨어요</u>.

6) 가: 감기에 걸려서 그런지 <u>식욕이 없어요</u>.
   나: 그래도 잘 챙겨 먹어야 빨리 나아요.

1 <보기>와 같이 대화를 완성하십시오.

75쪽

1) 가: 첸 씨, 감기는 다 나았어요?
   나: 네. <u>밥도 잘 챙겨 먹고 해서 아무렇지 않아요</u>.

2) 가: 유이 씨가 이번에도 성적 1등이네요.
   나: 맞아요. 게다가 <u>운동도 잘하고 해서 빈틈이 없어요</u>.

3) 가: 샤오민 씨는 그 휴대폰을 정말 오래 쓰네요.
   나: 3년 됐어요. <u>화면이 많이 깨지고 해서 새로 바꾸고 싶어요</u>.

4) 가: 시영 씨, 우리 배를 타고 일본 가 볼래요?
   나: 저는 괜찮아요. <u>배는 멀미도 심하고 해서 타고 싶지 않아요</u>.

5) 가: 요즘 많이 피곤해 보여요.
   나: 시험 기간이라서 <u>자주 밤도 새우고 해서 많이 피곤하기는 해요</u>.

6) 가: 엘레나 씨, 이런 테마 카페는 어때요?
   나: 좋아요. <u>분위기도 이국적이고 해서 가 보고 싶어요</u>.

2 <보기>와 같이 대화를 완성하십시오. _____ 76쪽

1) 가: 8월이라서 그런지 많이 덥네요.
   나: 맞아요. **날도 덥고 습도도 높고 해서**
   　　밖에 나가기가 힘들어요.

2) 가: 켄타 씨, 꽃가루 알레르기가 있어요?
   나: 네. 그래서 봄만 되면 **재채기도 나고 눈도 따갑고 해서**
   　　너무 힘들어요.

3) 가: 오늘 마트 갔다가 사과를 사 왔는데 먹어 볼래요?
   나: 좋아요. 사과가 **크기도 크고 색깔도 빨갛고 해서**
   　　정말 맛있어 보이네요.

4) 가: 마르완 씨와 어제 만났는데 벌써 그렇게 친해졌어요?
   나: 네. **성격도 잘 맞고 말도 잘 통하고 해서** 금방 친해졌어요.

5) 가: 마이클 씨, 일 마치고 바로 한잔하러 갈래요?
   나: 조금만 기다려주세요.
   　　일하면서 **땀도 많이 흘리고 옷을 갈아입어야 하고 해서**
   　　집에 들렀다가 갈게요.

6) 가: 제가 사람을 만나면 **눈도 못 마주치고 말도 못 걸고 해서**
   　　걱정이에요.
   나: 자신감을 가져 봐요. 할 수 있어요.

1 <보기>와 같이 대화를 완성하십시오. _____ 77쪽

1) 가: 지금 많이 바쁘시죠? 제가 뭘 도와 드리면 될까요?
   나: 음…. 그럼, 저기에서 **재료를 다듬든지** 해 주세요.

2) 가: 곧 있으면 졸업인데 그러면 다들 자주 못 보겠네요.
   나: 아쉽네요. 우리 졸업 전에 여행이라도 가서
   　　좋은 추억 하나 만들든지 해요.

3) 가: 잠시 휴게소에 들르려고요?
   나: 네. 조금 졸려서요. 일단 **잠을 깨든지** 해야겠어요.

4) 가: 제가 처음 웹툰을 그려봤는데 어때요?
   나: 처음 그렸다고요? 정말 잘 그렸네요.
   　　블로그에 올리든지 다른 사람에게 보여 줘도 될 것 같아요.

5) 가: 9월 말인데 아직도 30도 가까이 되네요.
   나: 그러게요. 가을이면 **날씨가 시원하든지** 해야 하는데
   　　아직도 덥네요.

6) 가: 나 오늘 데이트가 있는데 이렇게 입고 나갈까?
   나: 다른 건 다 괜찮은 것 같아.
   　　그런데 **셔츠 색이 밝든지** 하면 더 좋을 것 같아.

2 <보기>와 같이 대화를 완성하십시오. _____ 78쪽

1) 가: 내일 태풍이 온다고 하는데 밖에 나가지 마세요.
   나: 그건 좀 힘들죠.
   　　태풍이 오든지 안 오든지 출근은 해야 되잖아요.

2) 가: 아이돌 지수에 대한 안 좋은 소문이 퍼지고 있대요.
   나: 누가 그런 **소문을 내든지 험담을 하든지** 저는 지수를 믿어요.

3) 가: 장거리 연애를 하면서 서로 마음이 멀어지면 어떡하죠?
   나: 저희 사랑은 **거리가 멀든지 가깝든지**
   　　변하지 않을 거라고 믿어요.

4) 가: 주말이 끝났네요. 일요일 밤이 제일 아쉬워요.
   나: 저도요. **월요일이 좋든지 싫든지** 내일은 월요일이네요.

5) 가: 요즘 타오가 너한테 슬쩍 말을 놓던데.
   나: 타오가 나랑 한 살밖에 차이 안 나잖아.
   　　난 **말을 놓든지 안 놓든지** 다 괜찮아.

6) 가: 주말인데도 일하고 있어요?
   나: 네. 일이 많아서 **주말이든지 평일이든지**
   　　오늘 이 일부터 빨리 끝내야 해서요.

▶ <보기>에서 알맞은 것을 골라 문장을 완성하십시오. _____ 79쪽

1) 저는 **균형 잡힌 식사를 하기 위해** 다양한 음식을 골고루 먹습니다.

2) 아무리 바빠도 쉬는 날에는
   주변 사람들과 함께 시간을 보내려고 합니다.

3) 저는 **건강한 수면 습관을 가지기 위해**
   매일 같은 시간에 자고 일어나려고 노력합니다.

4) 유학 생활 중에 외롭거나 우울하다면 혼자 고민하지 말고
   전문가에게 도움을 받는 것이 중요합니다.

5) 건강을 회복하기 위해서는 의사의 지시에 따르면서
   적극적으로 치료를 받는 자세가 중요합니다.

6) 반드시 **처방에 따라 약을 복용해야 합니다**.
   그렇지 않으면 약의 효과가 떨어지거나 부작용이 생길 수도
   있습니다.

1 **<보기>와 같이 대화를 완성하십시오.** 80쪽

1) 가: 배우 현우는 나이를 전혀 안 먹는 것 같아요.
   나: 맞아요. 어떻게 관리하면 <u>나이보다 더 젊어 보이는지</u> 정말 신기해요.

2) 가: 지난 주말에 마이클 씨와 마라톤 대회에 참가했다면서요?
   나: 네. 그런데 저는 힘들어서 중간에 포기했어요.
   마이클 씨는 어떻게 <u>매년 마라톤 대회를 나가는지</u> 정말 대단해요.

3) 가: 어제 시영 씨와 왜 싸운 거예요?
   나: 시영 씨가 저에게 물을 쏟았어요.
   그런데 <u>미안한 감정도 없는지</u> 사과도 안 하고 그냥 가잖아요.

4) 가: 벌써 12월이에요. 1년이 다 끝나가네요.
   나: 그러게요. 올해는 아무것도 안 한 것 같은데….
   왜 이렇게 <u>시간이 빨리 가는지</u> 많이 아쉬워요.

5) 가: 이번에 한식 요리사 자격증을 땄어요?
   나: 네. 정말 힘들었어요. 얼마나 <u>심사가 까다로운지</u> 재료 크기까지 다 보더라고요.

6) 가: 가수 영찬의 콘서트는 어땠어요?
   나: 정말 대단했어요. 얼마나 <u>노래가 힘찬지</u> 제가 힘이 나더라고요.

2 **<보기>와 같이 대화를 완성하십시오.** 81쪽

1) 가: 요즘 엘레나가 한국에 대해 이야기를 많이 하네요.
   나: 네. <u>한국에 관심이 생겼는지 한국 관련 책도 자주 보더라고요</u>.

2) 가: 어제 회식 끝나고 다들 잘 들어갔어요?
   나: 네. 저는 잘 들어갔어요.
   그런데 <u>마르완 씨가 많이 취했는지 몸을 비틀거리며 가더라고요</u>.

3) 가: 지난달에 시영 씨가 다이어트를 한다고 말하지 않았어요?
   오늘 계속 뭘 먹던데 이제 다이어트 안 한대요?
   나: <u>아무리 해도 살이 안 빠졌는지 그냥 포기했더라고요</u>.

4) 가: 오늘 강아지랑 공원에 갔다 왔어요?
   나: 네. 며칠 동안 비가 내려서 산책을 못 했잖아요.
   강아지가 <u>그동안 많이 답답했는지 신나서 뛰어 다니더라고요</u>.

5) 가: 부엌에서 큰 소리가 들린 것 같았는데 무슨 일이에요?
   나: 샤오민 씨가 요리하다가 손을 데인 것 같아요.
   <u>그릇이 뜨거운 걸 몰랐는지 그냥 들더라고요</u>.

6) 가: 오늘 중간고사 성적이 나왔던데 확인했어?
   나: 응, 방금 친구들이랑 같이 확인했어.
   <u>이번에는 시험이 쉬웠는지 다들 잘 쳤더라고</u>.

1 **<보기>와 같이 대화를 완성하십시오.** 82쪽

1) 가: 병원에서 <u>허리 치료를 받는 김에</u> 바로 앉는 습관도 들이세요.
   그래야 치료 효과가 있어요.
   나: 네. 노력해 볼게요.

2) 가: 부산으로 <u>바다를 보러 가는 김에</u> 근처 해변 열차도 타 보세요.
   나: 좋아요. 이번에 가면 타 볼게요.

3) 가: <u>여행 일정을 짜는 김에</u> 경비도 알아봐 주세요.
   나: 알았어요. 꼼꼼하게 알아볼게요.

4) 가: 마르완 씨, 지금 <u>에어컨 온도를 낮추는 김에</u> 바람도 세게 해 주세요.
   나: 알겠어요. 제일 센 바람으로 할게요.

5) 가: <u>양파를 써는 김에</u> 옆에 있는 파도 같이 다져 주세요.
   나: 네. 같이 다져 놓을게요.

6) 가: 냉장고에서 <u>물을 꺼내는 김에</u> 주스도 꺼내 줘.
   나: 알았어. 컵에 따라 줄까?

2 **<보기>와 같이 대화를 완성하십시오.** 83쪽

1) 가: 방 분위기가 많이 바뀌었네요.
   나: <u>새 가구를 산 김에 방 가구 배치도 바꿨어요</u>.

2) 가: 서울 친척 집은 잘 다녀왔어요?
   나: 네. <u>서울 친척집을 방문한 김에 서울 구경도 하고 왔어요</u>.

3) 가: 어제까지 여행 일정이라고 들었는데 왜 오늘 돌아왔어요?
   나: 아, 어제 비행기를 놓쳤거든요.
   이왕 <u>비행기를 놓친 김에 그냥 하루 더 여행했어요</u>.

4) 가: 올해 회사 로고도 세련되게 바뀌었네요.
   나: 네. <u>회사 이름을 변경한 김에 로고도 다시 만들었어요</u>.

5) 가: 어제 동창회 어땠어요?
   저도 가고 싶었는데 못 가서 아쉬웠어요.
   나: 안 그래도 동창생들이 시영 씨 안부도 묻더라고요.
   그래서 <u>말이 나온 김에 시영 씨 결혼 소식도 전해 줬어요</u>.

6) 가: 이 사진 정말 예쁘다. 스튜디오에서 찍은 것 같아.
   나: 사실 친구 결혼식 갔다가 찍은 거야.
   결혼식 가려고 <u>예쁘게 꾸민 김에 내 사진도 많이 찍었어</u>.

출처표기

[Freepik]
kr.freepik.com/

5과 식품과 영양 60쪽;